Marke und Mythos

Stefan Waller

Marke und Mythos

Stefan Waller
Zhejiang Wanli University
Ningbo, China

ISBN 978-3-662-68582-2   ISBN 978-3-662-68583-9 (eBook)
https://doi.org/10.1007/978-3-662-68583-9

Die Deutsche Nationalbibliothek verzeichnet diese Publikation in der Deutschen Nationalbibliografie; detaillierte bibliografische Daten sind im Internet über https://portal.dnb.de abrufbar.

© Der/die Herausgeber bzw. der/die Autor(en), exklusiv lizenziert an Springer-Verlag GmbH, DE, ein Teil von Springer Nature 2024

Das Werk einschließlich aller seiner Teile ist urheberrechtlich geschützt. Jede Verwertung, die nicht ausdrücklich vom Urheberrechtsgesetz zugelassen ist, bedarf der vorherigen Zustimmung des Verlags. Das gilt insbesondere für Vervielfältigungen, Bearbeitungen, Übersetzungen, Mikroverfilmungen und die Einspeicherung und Verarbeitung in elektronischen Systemen.
Die Wiedergabe von allgemein beschreibenden Bezeichnungen, Marken, Unternehmensnamen etc. in diesem Werk bedeutet nicht, dass diese frei durch jedermann benutzt werden dürfen. Die Berechtigung zur Benutzung unterliegt, auch ohne gesonderten Hinweis hierzu, den Regeln des Markenrechts. Die Rechte des jeweiligen Zeicheninhabers sind zu beachten.
Der Verlag, die Autoren und die Herausgeber gehen davon aus, dass die Angaben und Informationen in diesem Werk zum Zeitpunkt der Veröffentlichung vollständig und korrekt sind. Weder der Verlag noch die Autoren oder die Herausgeber übernehmen, ausdrücklich oder implizit, Gewähr für den Inhalt des Werkes, etwaige Fehler oder Äußerungen. Der Verlag bleibt im Hinblick auf geografische Zuordnungen und Gebietsbezeichnungen in veröffentlichten Karten und Institutionsadressen neutral.

Planung/Lektorat: Alexander Horn
Springer ist ein Imprint der eingetragenen Gesellschaft Springer-Verlag GmbH, DE und ist ein Teil von Springer Nature.
Die Anschrift der Gesellschaft ist: Heidelberger Platz 3, 14197 Berlin, Germany

Wenn Sie dieses Produkt entsorgen, geben Sie das Papier bitte zum Recycling.

Für Ben-Ming und Zhang Meng
Mein besonderer Dank gilt Hergen Hillen für sein hervorragendes Lektorat, Ann-Kristin Iwersen und Justus Krüger für ihre sorgfältige Lektüre und fundierten Hinweise, Oliver Errichiello für seine professionelle Unterstützung sowie der Brand University of Applied Sciences und der Zhejiang Wanli University für die mir am Joint Institute of Zhejiang Wanli University and Brand University of Applied Sciences in Ningbo gebotenen Möglichkeiten.

Geleitwort

... von einem bestimmten Zeitpunkt ab liest man keine Artikel mehr... nur noch Reklame... die sagt einem alles...

Louis-Ferdinand Céline

Schriften zu Fragen von Marken und Markenwerbung lassen sich in der Regel in zwei Kategorien differenzieren: Zum einen in engagierte Streitschriften, die das perfide Spiel um die Verhaltensmanipulation des „Verbrauchers" durch schon längst nicht mehr geheime, von allwissenden Algorithmen getriebene Verführer anprangern. Zum anderen – in fast unerschöpflicher Variationsbreite – wissenschaftliche Analysen, Instrumente und Anwendungsvorlagen, die den Markenmanagern aller Hierarchiestufen und Märkte das Wesen des Käufers erklären und praktische Werkzeuge zur Effektivitätssteuerung an die Hand geben.

Die Marke und ihre Kommunikation führen eine merkwürdige Existenz: Sie war und ist immer und überall (selbst in politischen Systemen, die der Marke als kapitalistische Säulenheilige diametral gegenüberstehen) und sie ist gleichzeitig Fluch eines aufgeklärten Konsumenten, der in Anbetracht der ökologischen Herausforderungen vernünftig und nicht affektgetrieben kaufen sollte. Gleichzeitig ist sie Segen, denn sie ist mit Blick auf den Lebensalltag einer Post-Postmoderne, das Werkzeug, um das Ideal eines selbstbestimmten und autonomen Menschseins zu verwirklichen. Doch wie greift sich der Wunsch nach Besonderheit Raum?

Vom weithin bekannten Alltagsphilosophen (und Modeschöpfer) Wolfgang Joop stammt der Ausspruch: „Je mehr Marken, desto individueller das Ich." In diesem Sinne ist die Marke das idealtypische Werkzeug, um den zeitgeistigen Wünschen eines gelungenen und erfüllten Lebens möglichst nahe zu kommen. In, durch und mit der Marke erhält der Mensch die Möglichkeit, seine Vorstellung eines unverwechselbaren und besonderen Lebens zu verwirklichen. Denn die Marke kennzeichnet ihre Funktion als „kollektiv verankerter Inhaltsspeicher" weit über ihre Leistungsfunktion hinaus. Die Marke wird gebraucht, genutzt und erbeten, um den Einzelnen mit Aspekten und Facetten anzureichern, vielleicht sogar überhaupt erst auszustatten, die außerhalb seiner Schaffensmöglichkeiten liegen und über ein universelles Transaktionsmittel, das Geld, in unkomplizierter Weise integriert werden können. Mit dieser Eigenschaft vollzieht die Marke eine faszinierende Wunderstruktur: Sie ist als Gegenstand Ermöglicher eines hohen Anspruchs an Individualität, aber sie wird ausschließlich verstanden und kann ihre Funktion erfolgreich realisieren, sofern ihre Botschaft und ihre Signale zutiefst standardisiert sind. Eine Rolex macht nur dann Sinn, wenn allgemein klar ist, was eine Rolex zu besitzen impliziert. Das Wunder der Marke ist, dass sie „individuell und standardisiert" zugleich ist.

Wenn das Leben auf unsere irdische Präsenz begrenzt ist, dann gilt es eben dieses Leben in all seiner Fülle und Vielfältigkeit zu erleben. Ein entscheidendes Mittel dazu ist die Marke. Denn im besten Fall hat sie es vermocht, für bestimmte Charakteristiken zu stehen und sie sogar so auszustrahlen, dass sie unabhängig von Sprache und Herkunft, transkulturell und transhistorisch eine kommunikative Anschlussfähigkeit erlaubt: Marken werden überall verstanden und sie sind als Formen „komprimierten Vertrauens" seitjeher Teil der sozialen Wirklichkeit.

Die in diesem Buch zusammengestellten Essays folgen in ihrem Zugriff und ihrer Betrachtungsweise nicht den zuvor dargelegten zwei Kategorien von Empörung oder Anwendung, sondern sie fügen dem Verständnis eines gewaltigen Phänomens globaler sozialer Wirklichkeit eine anders gelagerte Facette hinzu: Die Offenlegung der tiefenwirksamen psychologischen und soziologischen Dynamiken, die sich weder durch einen politisierten noch einen ökonomischen Zugriff erfassen lassen. In einer Atmosphäre „denkerischer Fröhlichkeit" gelingt es, die ursächlichen Trieb- und Durchsetzungskräfte der Marke im Allgemeinen und ihrer Variationsformen und Ästhetik im Speziellen aufzuzeigen. Denn im Gegensatz zu den gelernten Objekten wissenschaftlich fundierter Interpretation in Kunst und Medien sind die Gegenstände werblicher Alltagskommunikation so gut wie nie Anlass einer tieferen Betrachtung und Analyse. Sie sind da, um einen ökonomischen

Effekt auszulösen und müssen sich möglichst schnell abschaffen, um eben nicht als die Ursache vermeintlich individueller Entscheidungen zutage zu treten. Nichts mag für den Menschen unserer Zeit verstörender sein, als die Ahnung, dass seine Handlungen nicht seine Handlungen sind …

Die Werbung der Marke ist und bleibt meist in der Unendlichkeit der Wirklichkeit ohne Interpretation. Aber erst die genaue Betrachtung erlaubt ein Verständnis darüber, warum die Marke weder durch politische Programmatik noch durch unzählige Vernünftigkeitsappelle gegenüber markenfetischierenden Familienmitgliedern totzukriegen sind. Im Gegenteil: Die Hinwendung des Menschen auf das Jetzt wird die Wichtigkeit der Marke und ihrer Kommunikation weiter befeuern und verstärken. Die nachfolgenden Betrachtungen offenbaren dies in faszinierender und in überraschender Weise.

Dieses Buch ist wertvoll: Es ist der Versuch auf eine wichtige, weil originäre Ebene eines Verständnisses des Menschseins im Zeitalter der Beschleunigung (Hartmut Rosa) zu blicken. Einer Ebene, deren massenwirksame Manifestationen so schnell auftauchen und vergehen, dass wir uns über die einzelnen Schlaglichter und ihre „inneren Implikationen" nicht bewusst werden. Jedoch: In ihren generalisierenden Zuschnitten und Inhalten sowie ihrer vielfach auf Resonanz- und Anschlussfähigkeit überprüften Ästhetisierungen zeichnen sie die Wünsche, Hoffnungen, Ziele, Ängste und Wirklichkeiten der Menschen einer Welt im Wandel nach. Die hier vorliegenden Analysen von Marken und deren Kommunikation versuchen – unter Rückgriff auf die Wissenschaft – den Wirklichkeiten fragend auf die Spur zu kommen. Sie halten sich dabei sowohl mit einem ethischen als auch mit einem ökonomischen Urteil zurück und entwerfen stattdessen facettenreiche Denkbilder, die Fragen aufdrängen. Indem die Frage und nicht die Antwort die Betrachtung bestimmt, ist dieses Buch eine seltene philosophische Auseinandersetzung mit dem, was die Welt, außerhalb der Academia, tatsächlich betrifft und bestimmt. Die Betrachtung bewegt sich auf dem anspruchsvollen Grat zwischen Suche und Erkenntnis. Auch die Ebene von Psychologie und Soziologie werden durchbrochen und eine philosophische Ebene eingezogen. Deshalb tasten sich die Essays über die Konsumwirklichkeiten der Moderne weit hinaus aus den gelernten Sphären des Markenwesens und hinein in die Frage: Was heißt Leben und Erleben in unserer Zeit?

Die gewählten Marken und Beispiele werden damit zu Chiffren für generelle Dynamiken gemeinschaftlicher wie gesellschaftlicher Entwicklungen. Gerade im deutschsprachigen Sprachraum fehlt uns oft die Leichtigkeit im Umgang einer wissenschaftlich-fundierten, literarisch anspruchsvollen und dennoch lebensnahen Betrachtung – ohne binäres Erkenntnisziel.

Dieses besondere, fragende, fundierte und immer wieder zum Schmunzeln anregende Buch hat seinen Zweck in sich selbst: In der Suche nach Wirklichkeit im Wirklichen ... und das werbefrei.

Hamburg Oliver Errichiello
im Januar 2024

Marke und Mythos – Entlastung in der modernen Lebenswelt

„…man tut gut, Marken als beseelte Wesen anzusehen"
Hans Domizlaff

In Marken treten die Sehnsüchte des modernen Menschen hervor. In Nike die Hoffnung darauf es zu schaffen, wenn man es nur einfach tut; in einem Mercedes das Streben nach Status und in einer Master-Card verdichtetet sich die Sehnsucht nach denjenigen Momenten, die man für Geld nicht kaufen kann (für die man aber doch welches braucht). Die Liste kann man noch sehr lange fortsetzen. Trotzdem diese Markenbotschaften in den verschiedensten Kulturen verstanden werden, führen sie in der kulturphilosophischen Debatte ein Schattendasein. Professionellen Denkern erscheinen Marken im harmlosesten Falle als banal und im schlimmsten Falle als Instrument in einem malignen Verblendungszusammenhang. Als Ausdruck des Kapitalismus allemal, dem man kritisch, und das heißt zumeist ablehnend gegenübersteht. In einer neutraleren Haltung wird die Beschäftigung mit Marken als Gegenstand von Betriebswirtschaft, Marketing und Design verstanden und damit außerhalb der eigenen Kompetenz angesiedelt.

Dabei eignen sich Marken deshalb in besonderer Weise als Spiegel zu einem Verständnis unseres Seins in der Kultur, weil sie bewusst auf Ähnlichkeit zu menschlicher Individualität hin konzipiert sind. Diese Annahme ist ein bemerkenswerter zentraler Aspekt vieler zumeist im Umfeld des Marketings angestellter Überlegungen zum Problem des Brandings. Hier stimmen die meisten Autoren darin überein, dass wir Marken im Ansatz so behandeln können, als wären sie Menschen mit individueller Persönlichkeit (vgl. Burmann et al., 2012, S. 54 ff., Fioroni & Titterton, 2009, S. 29 ff; Qyll, 2021, S. 38 ff.). So ist es auch für *David A. Aaker* notwendig für das Verständnis unserer Beziehung zu Marken, dass wir sie strukturell in Übereinstimmung mit menschlicher Persönlichkeit verstehen:

> „To understand the nature of a brand-customer relationship, it is useful to consider the metaphor of a brand as a person who has personality and interpersonal relationship with customers." (Aaker, 1996, S. 51).

Raymond A. Nadeau beschreibt „Living Brands" als „hoch emotionalisierte Persönlichkeiten" (Nadeau, 2007, S. 4). *Azoulay und Kapferer* unterstreichen schließlich, dass die distinkt menschlichen Aspekte für die Beschreibung von Markenpersönlichkeiten entscheidend sind:

> „It is time to restrict the use of the concept of brand personality to the meaning it should never have lost: 'the unique set of human personality traits both applicable and relevant to brands'." (Azoulay & Kapferer, 2003, S. 153).

Diese und viele andere Autoren nehmen die Möglichkeit der emotionalen Beziehung zur Markenpersönlichkeit als gegeben hin. Sie wird als Grundlage für die eigene Theoriebildung zum Aufbau und Management von Marken in Anschlag gebracht, für sich genommen aber als nicht weiter erklärungsbedürftig befunden. So findet sich etwa bei *Burmann et.al.* wohl der Hinweis auf die uns noch später beschäftigende Perspektive des Animismus als Grund für die Wahrnehmung von Marken als Persönlichkeiten. Allerdings werden zum animistischen Grund des emotionalen Bands zwischen Menschen und dem als beseelt empfundenen Objekt keine weiteren Ausführungen gemacht:

> „Ursprünglich nur auf den Menschen bezogen, kann die Theorie der Persönlichkeit auch auf Marken bzw. Markenpersönlichkeiten übertragen werden (…) Bei der Gestaltung der Markenidentität muss demnach auch die angestrebte Persönlichkeit der Marke definiert werden." (Burmann et al., 2012, S. 54).

So passend die Vorgehensweisen dieser Autoren für die weitere Beschreibung von Markenidentität auch sind, lohnt es sich dennoch, einen genaueren Blick darauf zu werfen, warum wir Entitäten wie Marken überhaupt als „Persönlichkeiten" wahrnehmen können. Dafür müssen wir allerdings etwas weiter ausholen und uns zunächst ein wenig von dem Fokus auf Marken lösen. Für dieses Unterfangen ist es angebracht, sich auf klassische philosophische Ansätze zu stützen, die sich spätestens seit *Immanuel Kant* mit dem aus der subjektiv-menschlichen Wahrnehmungsmöglichkeiten hervorgehenden Weltverhältnis auseinandersetzen. So weist Kant nachdrücklich darauf hin, dass das, was die Welt für uns ist, wesentlich von unserer eigenen sinnlichen Erfahrung und die kategorialen Fähigkeiten unseres Geistes geprägt ist:

> „Was es für eine Bewandtnis mit den Gegenständen an sich und abgesondert von aller dieser Rezeptivität unserer Sinnlichkeit haben möge, bleibt uns gänzlich unbekannt." (Kant 1790/1990, B 59/A 42).

Tatsächlich handelt es sich hierbei um eine genauso auf anthropologischer Basis aufgestellte Annahme, wie sich die Funktion transzendentaler Kategorien sowohl als Pforten wie auch als Scheuklappen in Bezug auf mögliche Arten des Erlebens und Erkennens bei allen Lebewesen beobachten lässt. Beginnend mit den Untersuchungen von *Jakob von Uexküll* im frühen 20. Jahrhundert beschäftigt sich dann die Biosemiotik damit, dass jedes Tier eine Information nur dann als real erkennen kann, wenn es in der Lage ist, sie auf die eigene Weise als „etwas" zu interpretieren, was auch bedeutet, alle anderen Perspektiven auf die Welt zu ignorieren (vgl. von Uexküll 1921). In der Fortsetzung dessen erlebt und erkennt das menschliche Bewusstsein nur diejenigen empirischen Daten, die unsere Sinne wahrnehmen können und die unser Geist verarbeiten kann. Umgekehrt gibt es für uns die Dinge nur in der Weise, mit denen wir mit unseren körperlichen und geistigen Fähigkeiten umgehen können. In der Terminologie von Kant bedeutet dies, dass wir die Dinge, wie sie selbst außerhalb unserer eigenen Perspektive sind – das jeweilige „Ding an sich" – nicht erkennen können. Alles, was für uns existiert, ist geprägt von den transzendentalen Fähigkeiten unseres Geistes, als Bedingungen der Möglichkeit unsere sinnliche Erfahrung.

Der kantischen Tradition folgend lässt sich die Frage der Markenpersönlichkeit hiernach in die transzendentale Form umformulieren: „Welche Eigenschaft des menschlichen Geistes ist die Bedingung für die Möglichkeit der Wahrnehmung von Marken als Persönlichkeiten?" Diese Frage zu stellen, bedeutet genau nicht, nach bestimmten Formen, Farben, Klängen, Preisen, Namen oder Werbemethoden zu suchen, die uns in Bezug auf bestimmte Marken emotional ansprechen. Die transzendentale Untersuchung bedeute vielmehr, einen Perspektivenwechsel vorzunehmen und sich auf die intellektuellen Modi unserer Wahrnehmung als Grundlage dieser empirischen Erfahrung zu konzentrieren. In Bezug auf die Frage des Brandings müssen wir uns daher genau ansehen, was in unserer Grundkonfiguration als Menschen dazu beiträgt, Marken als Persönlichkeiten zu erfahren.

In einem ersten Schritt empfiehlt es sich dafür, den Unterschied zwischen der Wahrnehmung von Dingen und Menschen genauer betrachten.

Wir können uns zunächst die einfache Frage stellen, worin genau der Unterschied liegt, dass wir etwas als „Ding" oder als „Person" qualifizieren. Die wohl naheliegendste Antwort hebt empirische Befunde hervor, die sich auf alle Phänomene beziehen, die wir bei der Begegnung mit anderen Menschen wahrnehmen: Beispielsweise sind andere Menschen im weitesten Sinne so geformt, wie wir es selbst sind; sie bewegen sich, fühlen sich an und riechen wie wir und sprechen in einer Art und Weise, die der Sprache ähnelt, die wir selbst benutzen. Obwohl diese empirischen Daten für die Identifizierung von Personen als „Personen" erforderlich sind, müssen wir zugeben, dass diese Beschreibungen letztlich unzureichend bleiben müssen. So können wir uns etwa auch menschliche Wesen vorstellen, für die eine oder mehrere dieser Beschreibungen nicht passen. Zudem können wir uns inzwischen sehr leicht Maschinen vorstellen, die alle möglichen äußerlich-menschlichen Merkmale bis hin zur Sprachfähigkeit aufweisen, bei denen es uns aber trotzdem sehr schwer fällt, sie als wirkliche Personen zu bezeichnen.

Obwohl es uns einigermaßen schwer erscheint oder sogar unmöglich, die eine beobachtbare Eigenschaft zu benennen, die alle mit Persönlichkeit ausgestatteten Wesen von bloßen Dingen unterscheidet, fällt es uns doch überraschend leicht, zwischen Stühlen, Tischen, Stiften und sprechenden Computersystemen einerseits und Lebewesen wie Fröschen, Vögeln und Menschen andererseits zu unterscheiden. Eine berühmte Beobachtung in der Phänomenologie von *Jean-Paul Sartre* ist hilfreich, um diese paradoxe Situation zu verstehen. Mit seiner Beschreibung des „Blicks" weist er darauf hin, dass wir jemanden als Person anhand der angenommenen Möglichkeit identifizieren, in dessen *Blick* zu geraten (vgl. Sartre, 1943/1991, S. 457ff.). Wir gehen auf diese Weise anders als bei jedem anderen *Ding* intuitiv davon aus, dass eine Person eine eigene Perspektive auf uns, die Welt und andere Menschen hat. Eine Person nimmt die Welt in dieser Weise immer auch selbst *in den Blick*. Wichtig ist für unsere Untersuchung, dass Sartre an dieser Stelle nicht von einer psychologischen Beobachtung ausgeht, weil der Blick nicht als ein Verhalten angesehen werden kann, dessen Sinn wir möglicherweise irgendwann gelernt haben oder das ausschließlich mit dem Sehsinn in Verbindung steht. Auch eine blinde Person kann uns *in den Blick nehmen*. Wir müssen den Blick somit als eine perspektivische Voraussetzung für den Umgang mit der Welt verstehen, den wir denjenigen Wesen unterstellen, denen wir nicht nur als bloße Dinge begegnen können.

Man die Kategorie des Blicks auch in dem erweiterten Sinne verstehen, dass sie nicht nur auf Menschen angewendet werden kann, sondern bereits den Unterschied zwischen Lebewesen und bloßen Gegenständen markiert. Wir reden nicht mit unseren Hüten, aber mit unseren Haustieren und gehen davon aus, dass unser Hund uns ansieht und aus einer eigenen inneren Perspektive auf unsere Worte reagiert. Eine geistige Dysfunktion wie die visuelle Agnosie, wie sie etwa von *Oliver Sacks* beschrieben wird, zeigt nicht nur die Probleme, die auftreten, wenn uns die Fähigkeit fehlt, zwischen Dingen und seelenvollen Wesen zu unterscheiden (vgl. Sacks, 2015). In der Tat ist eine „Seele" zu haben, der Begriff, um diese spezifische Perspektive zu identifizieren. Schon Aristoteles macht diese Bestimmung und entwirft in seiner Schrift *De Anima*, die *Klaus Corcilius* als dessen „Metaphysik des Lebendigen" (vgl. Aristoteles, 350 v.Chr./2017, S. XX) bezeichnet, einen nicht-empirischen Begriff der Seele. Wir können die Seele nicht fassen wie ein Ding und trotzdem müssen wir sie im Körper als gegeben annehmen, wenn wir ein Lebewesen als lebend identifizieren. Dann nehmen wir sie als diejenige Instanz an, die die Funktionen der Organe und Ernährung, die Bewegungen und bei einem intelligenten Wesen wie dem Menschen den inneren Dialog und die eigene Perspektive als Individuum reguliert. Auf diese Weise können wir ein Konzept der *Seele* anwenden, das nicht als eine eigene Substanz anzusehen ist, die im Gegensatz zu unserem Körper steht, sondern vielmehr als ein integriertes Beispiel für die Kontrolle der physischen Handlungen von Lebewesen. Diese Metaphysik der Beseeltheit ist keineswegs religiös oder irrational, wie es auf den ersten Blick erscheinen mag. Es beschreibt vielmehr unsere alltägliche Pragmatik, zwischen einfachen Objekten und Lebewesen zu unterscheiden, denen wir uns mit unterschiedlichen Denkweisen nähern, weil wir intuitiv verschiedene transzendentale Konzepte anwenden, die für die Interaktion mit verschiedenen Teilen der Realität geeignet sind.

Aus dieser Perspektive erscheint es zunächst unverständlich, warum wir etwas so Künstlichem wie Marken eine Persönlichkeit unterstellen sollten. Schließlich handeln und reagieren Marken nicht wie die Menschen, die wir auf der Straße treffen und begrüßen. Auf der anderen Seite haben wir aber die ausgeprägte Intuition, dass wir Marken durchaus wie Personen gegenüberstehen. So können wir beispielsweise Aakers Rede von der *Seele der Marke* (Aaker 1996, S. 45) genauso gut verstehen, wie dass erfolgreiche Marken „diejenigen sind, die eine Seele haben" (Mathews-Wadhwa 2013), und dass man überhaupt gut daran tut, „Marken als beseelte Wesen anzusehen", wie es der Markenpionier *Hans Domizlaff* (1939/2005, S. 102) betont.

So sehr wir Aussagen wie diese auch als eine Art metaphorisches Sprechen ansehen wollten, wäre es schwierig, uns auf dasjenige zu beziehen, was mit *Seele einer Marke* gemeint sein könnte, ohne uns dabei auf Attribute von Persönlichkeiten zu beziehen. Für eine näheres Verständnis dessen müssen wir noch einen Schritt zurücktreten. Genauso wie unsere Intuition über

Markenpersönlichkeit stellen wir die meisten alltäglichen Annahmen deshalb nicht infrage, weil unsere intuitive Metaphysik von Hüten, Hunden und anderen Menschen überwiegend reibungslos funktioniert. Bei genauer Betrachtung aber zeigt sich, wie viele unbewusste Überzeugungen in unsere uns unmittelbar erscheinenden Intuitionen einfließen. Wir sind es beispielsweise gewohnt, in einer Welt zu leben, die von der wissenschaftlich untermauerten Unterscheidung zwischen beseelten Dingen und totem Material geprägt ist. Dieses zeigt sich in unseren alltäglichen Einstellungen, beispielsweise in der Trennung von physikalischen und psychischen Problemen. So finden es die meisten von uns nicht sehr hilfreich, einen in einer Sternwarte beschäftigten Astronomen zu konsultieren, wenn wir Fragen zu persönlichen Stimmungsschwankungen haben. Andererseits würden wir auch keine stichhaltigen Ergebnisse erwarten, wenn wir einen Psychologen über den Grund für den Einbruch von Tag und Nacht befragten. Wir nehmen selbstverständlich an, dass die Physik nicht viel über den inneren Zustand einer Person aussagen kann, wie wir es als puren Unfug bezeichnen würden, einen Psychologen darum zu bitten, uns den Sonnenaufgang nach psychologischen Mustern zu erklären. Dieses ist für uns absolut gewiss und offensichtlich, weil wir etablierte und in der Praxis sinnvolle Abgrenzungen zwischen physikalischen und psychologischen Fragestellungen haben. Dieser Zustand der scharfen Trennung von psychischen und physischen Phänomenen ist jedoch historisch recht neu. Für die längste Zeit in der Geschichte der Menschheit wurde demgegenüber angenommen, dass unsere natürliche Umgebung und mit ihr die Bewegung der Sonne von göttlichen Wesen bestimmt wird, deren psychologisch fundiertes Handeln wir jeden Tag erleben. Als Beispiel sei etwa der griechische Gott *Helios* genannt, der auf seinem Streitwagen reitet, oder die monotheistische Gottheit *Aton,* die der Pharao Echnaton im 14. Jahrhundert vor Christus verehrt.

Dieses und unzählige andere Beispiele folgen dem gleichen Muster, den Kosmos nicht unter dem Gesichtspunkt der empirischen Wissenschaft zu betrachten, der sich mit den physikalischen Gesetzen des toten Materials befasst. Vielmehr näherte sich der Menschen seiner Außenwelt für die längste Zeit seines Daseins oftmals, indem er dieselben transzendentalen Kategorien wie für den Umgang mit anderen beseelten Wesen anwendete. Der Umgang mit der Welt aus dieser *animistischen Perspektive* führt zu der Annahme, dass Blitz und Donner nicht ein Wetterereignis oder Ausdruck des Klimas sind, sondern Phänomene, die durch den Zorn eines lebendigen Wesens – eines Gottes – verursacht werden. Der Mensch muss daher den Gott besänftigen, um das Wetter zu ändern und neuen Ärger verhindern, indem er beispielsweise Opfer bringt und bestimmte geheime Rituale durchführt. Bemerkenswert ist dabei, dass Menschen an dieser Stelle auf dieselben Verhaltensmuster zurückgreifen, die sie im Alltag verwenden, um das Wohlwollen anderer Menschen hervorzurufen. So wie wir manchmal eine andere Person dazu anhalten, unsere Bitten vorzubringen, können wir das Gebet der alten Priester oder die von ihnen verrichtete *Magie* als den Versuch verstehen, mittelbar eine persönliche Beziehung zu der uns umgebenden Natur herzustellen. Sie als die Eingeweihten können die sichtbaren natürlichen Phänomene als Physiognomie der göttlichen Persönlichkeiten lesen, auf die sie wie auf die emotional gefärbten Blicke ihrer Mitmenschen durch Handeln reagieren.

Es ist wichtig zu erkennen, dass dieses Vorgehen tatsächlich die beste Wahl ist, um das Problem aus vorwissenschaftlicher Sicht zu betrachten und zu behandeln. Sicherlich funktionieren Gebete und Zauberei nicht immer, und im Gegensatz zu wissenschaftlichen Theorien führt ein animistisches Weltbild auch nicht direkt zu einem Wissen, das bei Anfertigung von mechanischen Werkzeugen hilfreich ist. Die außerhalb der eigenen Macht stehenden Phänomene als von Gottheiten verursacht zu verstehen, vermittelt jedoch Sinn und Bedeutung im Chaos der Ereignisse und beruhigt die emotionale Ambivalenz, in die sich der Mensch angesichts einer unergründlich erscheinenden Umwelt verstrickt sieht. So gesehen vermitteln die Rituale der Verbindung mit den Göttern ein Gefühl von Orientierung angesichts der Willkür natürlicher Prozesse.

Die Verbindung zwischen den beiden wird durch den *Mythos* erzeugt, der die Welt als ein soziales Drama der sich widerstreitenden Kräfte lebendiger Wesen erzählend auslegt und sich damit an das Gefühl des Menschen wendet. Der Philosoph *Ernst Cassirer* beschreibt das mythische Bewusstsein hiernach als eine symbolische Form und meint damit, dass es sich dabei um eine – und zwar die grundlegende – Perspektive des Menschen mit ganzheitlichem Erklärungsanspruch auf die Welt handelt. (Cassirer, 1944/1967, S. VI ff.; vgl. Recki, 2013, S. 29 ff.). Allen Mythen ist gemein, dass sie die sichtbaren Phänomene in der Welt ihren Ursprüngen nach auslegen und den Menschen emotional berühren. Blitz und Donner als Ausdruck des göttlichen Zorns erschüttern uns innerlich und wer an die Vorbestimmtheit des Schicksals oder bestimmter individueller schicksalhafter Episoden durch die göttliche Vorsehung glaubt, der nutzt dafür nicht den kalten analytischen Verstand, sondern lässt sich vom Bewusstsein emotionaler Bewegtheit leiten.

Kommen wir zurück zum Problem der Markenbildung, dann lässt sich zunächst feststellen, dass Animismus, Mythologie und Magie mit dem Fortschritt der Technologie nicht verschwunden sind. Dieses können wir uns beispielsweise anhand von Astrologie klarmachen, deren Status als Pseudowissenschaft auf der Verwischung von physikalischer und psychologischer Weltbetrachtung basiert. Hier gilt wie für den frühen Menschen, dass ein bestimmtes Verhalten der Dinge in der Welt angenommen wird, auf die wir in unserem eigenen Handel reagieren können. Ähnliches gilt aber auch für bestimmte alltägliche Gegenstände, wie es schon *Karl Marx* betont, den man durchaus als einen frühen „Markenexperten" betrachten kann (vgl. Zschiesche & Errichiello 2018, S. 21). So spricht Marx mit Blick auf die Warenwelt von einem „mystischen Charakter" der aus mit der Umformung des Rohstoffes zur Ware einhergeht (Marx 1867/1962, S. 85). Infolge dieser Transformation betrachten wir sie nicht mehr als bloße Dinge, denen wir einen Gebrauchswert zuschreiben. Vielmehr spiegeln wir uns und unsere Kultur in unseren Waren wider und bauen dabei ein Verhältnis zu ihr auf, das dem religiösen Götzendienst ähnelt. In diesem Verhältnis erscheint die Ware ähnlich wie die „mit eignem Leben begabte" (ebd.) Skulptur im animistischen Kontext – wie ein religiöser Fetisch also, und wird somit zum Warenfetisch.

So wie man etwa die legendäre *Citroën DS* lautmalend „la déesse", die Göttin, nennt, und *Roland Barthes* sie in seinen Mythen des Alltags als einen vom Himmel gefallenen Engel bezeichnet (vgl. Barthes, 1957/2010, S. 196ff.), kommt Markenprodukten hinsichtlich des Warenfetischs überhaupt eine besondere Rolle zu. Sie sind darauf angelegt, ein mythisch-emotionale Sich-einlassen hervorzurufen. Aus der Perspektive einer transzendentalen Analyse ist es dabei wichtig zu erkennen, dass die durch Branding hergestellte Verbindung zwischen Markenimage und Markengeschichte der gleichen Struktur folgt wie die mythische Interpretation der Welt. Wir erleben Marken durch die Produkte als immanente sinnliche Phänomene, die von Erzählungen begleitet werden, die ihre Rolle in der Welt erklären und emotionale Bindungen fördern. Es ist sehr aufschlussreich zu sehen, wie wir häufig dabei vergessen, dass diese Geschichten von anderen Menschen, wenn nicht gänzlich erfunden, so doch mit dem Ziel ausgeschmückt werden, um uns als Kunden zu gewinnen. In Bezug auf die religiöse Mythologie nennt Cassirer dieses Phänomen eine „unbewusste Fiktion" und meint damit, dass die Menschen nur deshalb wirklich an ihre Mythen glauben, weil sie vergessen haben, dass alle Götter und alle Geschichten über sie von Menschen selbst erschaffen wurden:

> „Though myth is fictitious, it is an unconscious, not conscious fiction. The primitive mind was not aware of the meaning of its own creations." (Cassirer 1944/1967, S. 74).

Cassirer bezieht sich an dieser Stelle zwar auf ein Vergessen des Ursprungs des Mythos über Generationen; die Betonung des Unbewussten trägt aber auch für alle anderen Formen des Vergessens, Verdrängens oder auch aktiven Vernachlässigens der Genese des Mythos. Die einzige Möglichkeit, von ganzem Herzen an die Geschichte über die Wut des Gottes oder jeden anderen Mythos zu glauben, besteht darin, den Mythos als die wahre Wahrheit und nicht als eine von den Menschen ersonnene Erzählung mit zweifelhafter Geltung zu betrachten.

Es ist genau dieses Gefühl der Wahrhaftigkeit des Mythos, das den Kern der Beziehung zu Marken ausmacht, denen wir menschenähnliche Persönlichkeiten unterstellen. Angesichts der Tatsache, dass die traditionelle Mythologie einer modernen Lebenswelt mit wissenschaftlichen Erklärungsmustern gewichen ist, zeigt sich angesichts von Marken überdies noch, wie sehr wir an die substanzielle Wahrheit des Mythos glauben *möchten*. Es geschieht hier ja nichts im Verborgenen. Man kann immer auch einen Schritt zurücktreten und sich der Herkunft der Markengeschichte als bewusstes Storytelling und Produkt einer arbeitsteiligen Kulturindustrie gewahr werden. Mindestens bei den von uns favorisierten Markenprodukten scheinen wir uns allerdings so sehr mit der entsprechenden Persönlichkeit identifizieren zu wollen, dass wir deren Sein als gezielten Ausdruck von Kreativität und Strategie geradezu willentlich ignorieren.

Für eine Erklärung dieser Sichtweise sollten wir nach dem Nutzen fragen, der dazu führt, eine intime Beziehung einzugehen, die über das bloße Wissen von Fakten hinausgeht. Hierbei ist das anthropologische Konzept der *Entlastung* des deutschen Philosophen *Arnold Gehlen* hilfreich (vgl. Waller, 2015). Mit diesem mehrdimensionalen Begriff beschreibt er auch, dass der Mensch aufgrund der Komplexität der Welt nicht nur einen objektivierend rationalen Zugang zu den Dingen, sondern auch eine verlässliche emotionale Bindung an die Welt selbst eingehen muss. Diesem Gedanken folgend können Animismus, Religion, Astrologie und alle weiteren Formen des mythischen Bewusstseins eine solche Entlastung bieten. Auch wenn Mythos und Magie keinen unmittelbar instrumentell verwertbaren Erfolg im Umgang mit den Naturgewalten zeitigen, geht mit ihnen doch die darin bestehende psychische Entlastung einher, auf Augenhöhe mit den sinnlich wahrnehmbaren Phänomenen zu stehen.

Dabei ist es für Gehlen wie auch für Cassirer essenziell, dass es für den Mythos kennzeichnend ist, den Willen der Gottheit ganz *augenscheinlich* an den äußeren Erscheinungen wahrzunehmen. Diesem Gedanken gegenübergestellt finden sich bei Gehlen erhellende Überlegungen dazu, dass sich die modernen empirischen Wissenschaften wohl auf Beobachtungsdaten stützten, sich im Abstraktionsgrad der Theorien allerdings konstitutiv in nicht-anschaulichen Sphären bewegen. Der moderne Mensch hat in der wissenschaftlich-technischen Lebenswelt wohl ein nie gekanntes Maß an Macht über die Bedrohungen durch die Umwelt bekommen; gleichzeitig aber muss er sich mit der damit einhergehenden Unsicherheit auseinandersetzen, dass er sich nicht mehr auf den eigenen Augenschein verlassen kann. Obwohl beispielsweise der Blick in die Dämmerung es uns *augenscheinlich* zeigt, geht die Sonne geht weder auf noch unter. Schon gar nicht haben wir es mit einer Gottheit im goldenen Wagen zu tun, sondern mit einem Gestirn von endlicher Lebensdauer, um das unser Planet in einer unserem unmittelbaren Blick verborgenen elliptischer Bahn kreist. Trotzdem niemand von uns diese Umlaufbahn aus eigener Anschauung kennt, ist sie doch genauso ein Teil unserer Wirklichkeit wie das uns optisch verborgene Aufeinanderprallen von Elektronen in einem Teilchenbeschleuniger. Dieses Bewusstsein, sich im großen Ganzen nicht unmittelbar auf die eigenen Sinne verlassen zu dürfen, ist, so Gehlens Attest, eine ernst zu nehmende psychische Belastung für den modernen Menschen. Verunsicherung und Entfremdung in der Moderne sind in diesem Sinne nicht allein mit den sich wandelnden Arbeits- und Ausbeutungsverhältnissen, sondern auch mit der sich in weiten Teilen dem Augenschein verschließenden Perspektive auf die Welt zurückzuführen.

Eine Entlastung durch den Mythos von Marken, so können wir uns angesichts dessen klarmachen, entsteht auch dadurch, dass diese uns wie ehedem in eine Welt der ins Übermenschliche gesteigerten Projektionen menschlicher Persönlichkeit rücken. Im Kosmos der Marken sind wir wieder umgeben von Wesen auf Augenhöhe, die uns überdies dem unmittelbaren Augenschein ihrer schönen Form nach wohlgesonnen sind (vgl. Vollbrecht, 2002, S. 774). Diesem Eindruck einer nicht weiter der Erklärung bedürftigen Entlastung durch ihre Botschaften können wir uns insbesondere bei den großen globalen Marken kaum verschließen. Ihr augenscheinliches Entgegenkommen macht einen großen Teil der Anziehungskraft der Lebensform der globalisierten Mittelklasse aus.

Mit Blick darauf lassen sich Marken schließlich in der Weise als Produkte eines ambivalenten Verhältnisses beschreiben, wie Freud es als charakteristisch für Religionen annahm. So wie uns beispielsweise der Gott des Sturms vor der Verwüstung derjenigen Taifune schützen soll, die er selbst erzeugt, entlasten uns die Persönlichkeiten starker Marken vor den Belastungen eben jener globalisierten Wirtschaft, die diesen Druck erst hervorgebracht hat (vgl. Freud 1922, S. 25ff.). Markenmythen lassen sich hiermit nicht nur als die Klammern verstehen, die vielfältige Produkte in verschiedenen Märkten zusammenhalten (vgl. Gerken 1994). Sie gehen auch ein Stück über das Verhältnis von Konsumenten und bestimmten Produkten hinaus und vermitteln ein allgemeineres, entlastendes Gefühl davon, in einer Welt zu leben, in der das Bedürfnis nach Sicherheit, Zugehörigkeit, Wertschätzung und Selbstverwirklichung durch das bloße Sein bestimmter Marken auch befriedigt werden kann.

Die in den folgenden Fallbeispielen besprochenen Marken stehen exemplarisch für diese Entlastungen, indem es in einer über ihre Klientel hinausgehenden Weise für unsere von Marken geprägte Welt zu stehen. Dabei geht es nicht immer darum, die mythische Dimension der Marke in bestimmten Erzählungen aufzuzeigen. Vielmehr zeigt sich das mythische Element noch darin, dass sie sich unser Umgang mit Marken als anschlussfähig an Denkmuster erweist, die wir zur Auslegung unserer Welt benutzen und benötigen.

Literatur

Aristoteles (2017). *Über die Seele.* Felix Meiner Verlag. (Originalwerk veröffentlicht circa 350 v.Chr.).
Aaker, D. A. (1996). *Building strong brands.* Free Press.
Azoulay, A., & Kapferer, J.-N. (2003). Do brand personality scales really measure brand personality? *Journal of Brand Management, 11*(2), 143–155.
Barthes, R. (2010). *Mythen des Alltags.* Suhrkamp Verlag. (Originalwerk veröffentlicht 1957).
Burmann, C., Halaszovich, T. & Hemmann, F. (2012). *Identitätsbasierte Markenführung. Grundlagen – Strategie – Umsetzung – Controlling.* Springer Fachmedien.
Cassirer, E. (1967). *An Essay on Man.* An Introduction to a Philosophy of Human Culture. Yale University Press. (Originalwerk veröffentlicht 1944).
Domizlaff, H. (2005). *Die Gewinnung des öffentlichen Vertrauens.* Marketing Journal. Gesellschaft für angewandtes Marketing mbH. (Originalwerk veröffentlicht 1939).
Fioroni, M. & Titterton, G. (2009). *Brand storming.* Palgrave.
Gerken, G. (1994). *Die fraktale Marke.* Econ Verlag.
Freud, S. (1922). *Totem und Tabu. Einige Übereinstimmungen im Seelenleben der Wilden und Neurotiker.* Internationaler Psychoanalytischer Verlag.
Kant, I. (1990). *Kritik der Urteilskraft.* Felix Meiner Verlag. (Originalwerk veröffentlicht 1790).
Kniazev, M., & Belk, R. W. (2015): Verpackung als Mittel zur Mythologisierung der Marke. In J. E. Schroeder (Hrsg.), *Brands: Eine interdisziplinäre Perspektive.* Oxon (CN). Routledge.

Marx K. (1962). Das Kapital. Kritik der politischen Ökonomie. Erster Band. Buch I: Der Produktionsprozeß des Kapitals. In: Institut für Marxismus-Leninismus beim ZK der SED (Hrsg.), *Karl Marx Friedrich Engels Werke (MEW)* (Bd. 23). Dietz Verlag. (Originalwerk veröffentlicht 1867).

Mathews-Wadhwa, A. (9.1. 2013). Getting to the soul of your brand. Forbes. http://www.forbes.com/sites/85broads/2013/01/09/getting-to-the-soul-of-your-brand/#254a51ba7477.

Nadeau, R. A. (2007). *Living Brands*. McGraw Hill Professional.

Qyll, N. (2021). *Visual Personal Branding. Eine frame-analytische Betrachtung ikonischer Personenmarken*. Herbert von Halem Verlag.

Recki, B. (2013). *Cassirer*. Reclam.

Sacks, O. (2015). *The Man Who Mistook His Wife for a Hat*. Pan Macmillan.

Sartre, J.-P. (1991). *Das Sein und das Nichts, Reinbeck bei Hamburg*. Rowohld Verlag. (Originalwerk veröffentlicht 1943).

Vollbrecht, R. (2002). Marken, Mythen, Images: Über die Ko-Evolution von Werbung und Verbrauchern und die Figur des Re-Entrys in der Werbung, in H. Willems (Hrsg.), *Die Gesellschaft der Werbung: Kontexte und Texte, Produktionen und Rezeptionen, Entwicklungen und Perspektiven* (S. 771–783). Westdeutscher Verlag.

von Bismarck, O., & Baumann, R. (1995). *Markenmythos: Verkörperung eines attraktiven Wertesystems. Europäische Hochschulschriften*. Lang.

von Uexküll, J. (1921). *Umwelt und Innenwelt der Tiere*. Springer Verlag.

Waller, S. (2015). *Leben in Entlastung. Mensch und Naturzweck bei Arnold Gehlen*. UVK Verlag.

Zschiesche, A. & Errichiello, O. (2018). *Marke statt Meinung*. GABAL Verlag.

Inhaltsverzeichnis

1	**Apple: Magic Devices**	1
	Literatur	9
2	**McDonald's: A Glorious Name**	11
	Literatur	20
3	**Huawei: Das Versprechen Chinas**	23
	Literatur	32
4	**Barack Obama: Zurück in die Zukunft**	35
	Literatur	46
5	**Fridays For Future: Eigentliche Authentizität**	49
	Literatur	58
6	**BP: Diesseits von Gut und Böse**	61
	Literatur	70
7	**Opel: Wer wir sind**	73
	Literatur	83
8	**Beyond Meat: Was wir essen sollen**	85
	Literatur	96
9	**Boy London: Das Logo ist die Marke**	99
	Literatur	108

10	Bored Apes & Co: NFTs und Kunst als Marke	111
	Literatur	123

Nachwort 127

Über den Autor

Prof. Dr. Stefan Waller ist Vizedekan des Joint Institute of Zhejiang Wanli University and Brand University of Applied Sciences in Ningbo, China. Von 2007 bis 2013 war er wissenschaftlicher Mitarbeiter am Philosophischen Seminar der Universität Hamburg und ist seit 2018 Professor für Interkulturelle Marken- und Innovationskultur an der Brand University of Applied Sciences in Hamburg. Seit 2022 lebt und lehrt er in Ningbo.

1

Apple: Magic Devices

Zusammenfassung Wie kaum ein anderer Brand hat es die Marke Apple verstanden, sich und seine Produkte mythisch aufzuladen. Ausgehend von der Biografie ihrer charismatischen Gründerfigur ist es der Kern des Mythos dieser Marke, dass eine Vermittlung von Technik und menschlicher Natur möglich ist. Dieses Bild korrespondiert mit der Magie von Apple-Geräten, die darin besteht, eine intuitive Nähe zur Welt der modernen Technik herzustellen.

Der Mythos des *Prometheus* gehört zu den ältesten Erklärungen dafür, dass der Mensch das an keine bestimmte Umwelt angepasste Tier ist, das sich mit eigenen Mitteln in der Welt zurechtfinden muss. Angesichts seiner Mittellosigkeit bedurfte es der Hilfe eines Halbgottes, um sich durch die Technik des Feuers in der Welt behaupten zu können, was sich allerdings als ein enormer Entwicklungsvorsprung gegenüber allen anderen Lebensformen erwiesen hat. Der antike Mythos gibt eine Antwort darauf, warum der Mensch in seiner eigentlich defizitären Ausgangssituation konstitutiv darauf ausgelegt ist, durch einen Überschuss an Erfindungsgeist die vormals bestehenden Grenzen des Machbaren andauernd zu überschreiten. *Sigmund Freud* hat den Menschen im Bewusstsein der damit einhergehenden psychischen Ambivalenz einmal einen „Prothesengott" (Freud, 1930/1997, S. 222) genannt, und tatsächlich sind es die technischen Hilfsmittel, die unser Leben erleichtern und zugleich auch andauernd belasten. So bestehen die gravierendsten Probleme der Gegenwart auch nicht mehr in der Überwindung irgendwelcher natürlicher Unwägbarkeiten wie der Abwehr gefährlicher Tiere oder dem Umgang mit unsicheren Wetterverhältnissen bei der Entdeckung neuer Kontinente. Vielmehr ist es die Technik selbst, die sich nahezu vollends zwischen den Menschen und die Natur erster Hand gestellt hat, und uns dergestalt, wie sich *Hannah Arendt* ausdrückt, zusehends zu einem „Schaltier" (Arendt, 1958/1981, S. 139) mit einem Panzer aus den uns umgebenden technischen Apparaten werden lässt. Angesichts dessen erweist es sich als eine prominente Aufgabe von Architektur und Design, emotionale Nähe zu dieser selbst verfertigten zweiten Natur herzustellen, die uns oftmals fremd geworden und damit undurchschaubar und bedrohlich gegenübersteht wie ehedem die wildwüchsige Natur.

Das Unternehmen *Apple* wird am 1. April 1976 von *Steve Jobs, Steve Wozniak* und *Ronald Wayne* mit einem Startkapital in Höhe von 1300 US$ in einer Garage in Silicon Valley gegründet. Ronald Wayne verlässt das Unternehmen früh, das in seiner Anfangsphase von Wozniak als dem kreativen Bastler und Jobs als dem genialen Visionär mit dem Gefühl für die Vermarktung geprägt wird. Nach dem gemeinsamen überragenden Erfolg des Apple II, dem spektakulären Start von Macintosh und Mac OS im Jahre 1984 und der dann allerdings einsetzenden Absatzschwäche trennt sich das Unternehmen von Steve Jobs. Apple befindet sich hiernach in einem wirtschaftlichen Niedergang, der beinahe in einem Bankrott endet. Erst nach der Rückkehr von Jobs im Jahre 1996 und der anschließenden Neuausrichtung von Unternehmensleitung und Produktpalette kann das Unternehmen an die früheren Erfolge anknüpfen. Mit den Einführungen von iPod (2001), iPhone (2007) und iPad (2010) werden diese dann noch um ein Vielfaches übertroffen. Steve Jobs stirbt im Oktober 2011 und hinterlässt eines der erfolgreichsten Unternehmen und eine der wertvollsten Marken der Welt.

Diese inzwischen in vielen Dokumentationen, Biografien und Spielfilmen verarbeitete Erzählung vom genialen Firmenlenker, dessen Karriere in einer Garage beginnt und der nach dem ersten überwältigenden Erfolg vom Hof verbannt wird, sich Prüfungen unterzieht und nach Jahren der Läuterung das Unternehmen zu ungeahnten Leistungen führt, um schließlich das vor ihm liegende gelobte Land zukünftiger Größe selbst nicht betreten zu können, hätte man sie sich selbst nicht besser ausdenken können. Ihre Faszination ist nicht allein auf die aus heutiger Sicht geradezu biblische Dimension zurückzuführen, sondern vor allen Dingen darauf, dass sie in vielerlei Hinsicht den von *Joseph Campbell* beschriebenen Stationen einer Heldenreise entspricht. In seiner Untersuchung *The Hero with a Thousand Faces* (Campbell, 1949/2004) widmet sich Campbell der Frage, welchen Regeln der Standardverlauf mythischer Erzählungen folgt. Indem er anhand verschiedener Mythen und ihrer Helden einen exemplarischen Ablauf nachweist, ist nach Campbell der eigentliche Mythos auch nur ein einziger. Dieser Monomythos beschreibt die *tausend Gesichter* seiner Helden als das universelle *coming of age* einer eizigen Heldenreise, die sich grob in die drei Akte „Auszug ins Unbekannte", „Initiation" und „gereifte Rückkehr" einteilen lässt:

> „The standard path of the mythological adventure of the hero is magnification of the formula represented in the rites of passage: seperation – initiation – return; which might be named the nuclear unit of the monomyth." (Ebd., S. 23).

Die Pointe der Reise lautet in allen Fällen, dass Irrtümer, Unwägbarkeiten und Hindernisse als notwendige Schritte eines Reifeprozesses verstanden werden müssen, der im Sinne einer Rückkehr zu sich selbst mit dem Finden des authentischen Ichs abschließt.

Es ist kein Geheimnis, dass Hollywood-Produktionen maßgeblich von diesem Modell beeinflusst sind. Neben buchstäblich tausend anderen Filmhelden liegt der Appeal von Figuren wie Luke Skywalker, Frodo Beutlin und Harry Potter an unserer Vorliebe für diese Erzählform des fortschreitenden *charakter arcs*. Frühe Vorgänger finden diese Helden in der deutschen Romantik, etwa in Gottfried Kellers Roman *Der grüne Heinrich,* der in seiner Form als Entwicklungsroman auf Fortschrittsmotiven basiert, die auch in *G.W.F. Hegels* Geschichtsphilosophie auftauchen. Beiden ist wie vielen Hollywood-Streifen die Vorstellung gemein, dass sich das Ereignis im erlebten Moment als zufällig anfühlen mag, es tatsächlich aber ein sinnvolles Moment eines großen Ganzen sein kann.

Dass er seine eigene Lebensgeschichte als eine solche und zu dem Zeitpunkt freilich noch andauernde bedeutsame Reise verstanden wissen will, stellt Steve Jobs bei seiner Ansprache vor Absolventen der Stanford Universität im Juni 2005 heraus. Dabei legt der erfolgreiche und berühmte CEO, der seine College-Karriere selbst frühzeitig beendete, ein besonderes Augenmerk auf den eigenen Auszug ins Unbekannte, der mit der Trennung von Apple begann:

> „I'm pretty sure none of this would have happened if I hadn't been fired from Apple. It was awful tasting medicine, but I guess the patient needed it." (Steve Jobs, zitiert nach Schlender & Tetzeli, 2016, S. 320).

Der Logik der Heldenreise folgend bedient Jobs in dieser Rede schließlich die romantische Vorstellung, dass es einen inneren Sinn in der Abfolge von Lebensereignissen gab, den er erst im Rückblick habe erkennen können. „Die Eule der Miverva beginnt erst mit der einbrechenden Dämmerung ihren Flug" (Hegel Werke, Bd. 7, S. 14), fasst Hegel dieses in einem berühmten

Ausspruch über die Weltgeschichte als Bildungsroman zusammen, wofür Jobs seinerseits das Bild eines rückblickenden Verbindens von entscheidenden biografischen Punkten – „connecting the dots" (Schlender & Tetzeli, 2016, S. 318) – verwendet.

Entscheidend ist, dass die Erkenntnis in die innere Sinnhaftigkeit bestimmter Ereignisse nicht als Leitfaden für die Zukunft taugt: „You can't connect the dots looking forward; you can only connect them looking backward." (Ebd.). Um im Stande relativer Unkenntnis die richtigen Entscheidungen im Hier und Jetzt zu treffen, steht einem einzig der Rekurs auf ein authentisches *Ich* zur Verfügung: „You have to trust in something – your gut, destiny, life, karma, whatever." (Ebd.). Der abschließende Slogan „Stay hungry, stay foolish" (ebd., S. 322) seines berühmten Stanford Commencement Speech ist als der unabdingbare Modus dieses authentischen Strebens zu verstehen.

„Ungesättigt gleich der Flamme" (Nietzsche KSA 3, S. 367), könnte das ergänzende Motto lauten. Tatsächlich erinnert diese Rede von Hunger und Narretei an *Friedrich Nietzsche* und dessen Vorstellung vom starken und schöpferischen Individuum, das sich durch den Rekurs auf das eigene natürliche und nicht vergesellschaftete Sein von der Masse absetzt. In seiner Emphase für Lebenshunger und Torheit stimmt Jobs tatsächlich mit Nietzsche darin überein, dass, wer im Sinne der größtmöglichen Steigerung der eigenen Potenziale über sich hinauswachsen möchte, seine irrationalen Impulse nicht außer Acht lassen darf. Natürliche Antriebe, irrationale Einfälle und forschender Geist, so zeigt sich bei Nietzsche und bei Jobs, sind keine Gegensätze, sondern ergänzen sich in einem authentischen Ich, welches einzig im Vertrauen auf diese Authentizität Großes erreichen kann:

> „Wir müssen den Helden und ebenso den Narren entdecken, der in unsrer Leidenschaft der Erkenntnis steckt, wir müssen unsrer Torheit ab und zu froh werden, um unsrer Weisheit froh bleiben zu können!" (Nietzsche KSA 3, S. 464).

Mit Blick die Marke greift es allerdings zu kurz, diesen Mythos vom authentischen Ich einzig und allein auf die Person Steve Jobs als Helden der Geschichte zu beziehen. Ihr Gegenstand ist genauso sein Lebenswerk und damit wesentlich für die Marke Apple. Wie jeder Mythos bietet die Erfolgsgeschichte eine biografisch eingefärbte Antwort auf die Frage nach Entstehung und Sein ihres Gegenstands, die da lautet, dass Apple-Geräte deshalb technisch immer auf dem neuesten Stand und dabei die Kreativität in einzigartiger Weise befördern, weil durch sie hindurch das authentische und manchmal tollkühne Streben und Genie ihres Gründers wirkt – was sich nicht zuletzt daran ablesen lässt, dass der Konzern ohne seine Beihilfe beinahe zugrunde gegangen wäre.

Einen überspitzten Eindruck von der tatsächlich misslichen Lage bei Apple ohne Steve Jobs vermittelt eine Szene aus einer Folge der Simpsons von 1996, in der *Homer Simpson* in einem Plattenladen während eines Gesprächs mit jungen Leuten auf völlige Unkenntnis darüber stößt, wer Steve Jobs war und was ein Apple-Computer überhaupt sein soll (vgl. Forrester & Archer, 1996). Gleich nach dem Wiedereintritt ihres Gründers als CEO des Hightech Unternehmens wirkt Jobs diesem Vergessen entgegen, indem er die enge Verbindung zwischen Mythos, Mensch und Marke mit der 1997 gestarteten Werbekampagne „Think different" hervorhebt. Dabei handelt es sich um einen Slogan, der bereits aufgrund seiner eigensinnigen grammatikalischen Form die eben hervorgehobene Synthese aus kreativer Verrücktheit und Weisheit in sich zu vereinen vermag. Apple denkt nicht grammatikalisch korrekt *differently,* sondern *different* – und unterstreicht mit dieser eigenwilligen Wortverwendung den Anspruch, im gesamten Denkansatz eigene Wege zu gehen. Der Brand fühlt sich hierin all denjenigen verbunden, die die Welt dadurch verändern, dass sie sich über die Engstirnigkeit und Konformität derjenigen Zeitgenossen hinwegsetzen, denen grammatikalische Richtigkeit wichtiger als kreative Ideen sind.

Es kann tatsächlich die Rede davon sein, dass Jobs mit dem zu dieser Kampagne gehörenden und diese Verbundenheit thematisierenden Spot „The Crazy Ones" die später in der Stanford Rede apostrophierten *in die Zukunft verlängerten Punkte* und damit nicht nur den künftigen Erfolg der Marke, sondern auch den Mythos der eigenen Person antizipiert. So fordert uns die Werbekampagne mit einem Voice-Over zu filmischen schwarz-weißen Aufnahmen von historischen Personen in einer Art Gebet dazu auf, den Helden der Moderne und mit ihnen Apple unser Vertrauen zu schenken:

> „Here's to the crazy ones. The misfits. The rebels. The troublemakers. The round pegs in the square holes. The ones who see things differently. They're not fond of rules. And they have no respect for the status quo. You can quote them, disagree with them, glorify or vilify them. But the only thing you can't do is ignore them. Because they change things. They push the human race forward. And while some may see them as the crazy ones, We see genius. Because the people who are crazy enough to think they can change the world, Are the ones who do." (Think Different, 2023)

Obwohl Steve Jobs in der Reihe der im positiven Sinne *verrückten* Genies wie Albert Einstein, Bob Dylan, Martin Luther King Jr., Mahatma Gandhi, Amelia Earhart, Alfred Hitchcock, Martha Graham, Frank Lloyd Wright,

Pablo Picasso und vielen anderen gar nicht vorkommt, ist auch klar, dass er die Marke deshalb als Anwalt rebellischer Genies positioniert, weil er sich selbst zu eben diesen außergewöhnlichen Menschen zählt.

Ob ihm zu diesem Zeitpunkt schon der mögliche Unterschied zwischen sich selbst und einer ihm ähnlichen, überlebensgroßen mythischen Persona Steve Jobs bewusst gewesen ist, die sich hier problemlos einreihen ließe, lässt sich natürlich nicht sagen. Ein Bewusstsein davon tritt allerdings darin hervor, dass eine nicht veröffentlichte Version des erwähnten Spots von Jobs selbst, in der veröffentlichten Fassung dann aber von *Richard Dreyfuss* gesprochen wird (vgl. Golub et al., 1997). Es wäre wohl zu viel gewesen. Im O-Ton von Jobs hört es sich fast blasphemisch an. Es klingt eben so, als würde der wenige Jahre später schon zum Prometheus unserer Tage, zum iGod (vgl. Lam, 2007), verklärte Unternehmenslenker sich in einem Gebet an sich selbst wenden.

Einen ähnlichen Beitrag zum Aufbau einer überlebensgroßen Heldenfigur leisten die regelmäßigen Produktpräsentationen, die als „Stevenotes" sogar mit einem eigenen Wikipedia-Artikel verzeichnet sind (vgl. Stevenote, 2023). Diese schon früh auch im Livestream veröffentlichten Produktshows verlaufen nach einer festen Liturgie, bei der Steve Jobs die Rolle des CEO in Priestergestalt einnimmt. Wenn er bei früheren Präsentationen noch ein bisschen verkleidet, manchmal konfirmandenhaft und mit breiten Schulterpolstern und Fliege fast clownesk daherkommt, ist ab Anfang der 2000er Jahre mit schwarzem *Issey Miyake* Turtleneck, blauen *Levi's* Jeans, grauen *New Balance* Sneakern der 991-Serie und der randlosen Brille Lunor von *Robert Marc* (vgl. Lynch, 2018, S. 142) auch der passende Dress gefunden. Dieses Outfit macht Jobs zu einer Ikone der Popkultur, indem es perfekt auf das reflexive Verhältnis von Persona und Produkten abgestimmt ist. Sportschuhe und Jeans stehen für spielerische Offenheit, für neue Ideen und Trends sowie den Hunger nach Veränderung eines Startups-Managers aus dem Silicon Valley, und die modernisierten Versionen von Existenzialistenoberteil und Nickelbrille für den intellektuellen Anspruch der nunmehr technisch ausgereiften Produkte.

Auf diesen Veranstaltungen geht es natürlich nicht nur um die Einführung neuer Produkte, sondern um die Selbstvergewisserung und damit wie bei jedem Ritual auch um das Wiederbeleben und Bestätigen des Tradierten. Dieser Anspruch mag bei einer Marke, die sich technischem Fortschritt und Innovation widmet, sonderbar erscheinen. Allerdings zeigt sich darin, dass gerade auf Grund der Schnelllebigkeit des technologischen Sektors Anlässe notwendig sind, sich der eigenen Stärke in regelmäßigen Abständen zu vergewissern. Mit dieser Inszenierung ist Steve Jobs der Garant dafür, dass die Gemeinde – gewissermaßen traditionell – nicht weniger als *magische Neuprodukte* von der Marke Apple zu erwarten hat. Flankiert werden seine Auftritte von den detaillierten Berichten einzelner Manager des Konzerns, wobei Jonathan „Jony" Ive, damaliger Chief Design Officer von Apple, nicht nur durch Sprache und Gestik selbst bereits einen ikonischen Status als eine Art Messdiener in der Gestalt eines Sidekicks erreicht hat. Er übernimmt überdies auch die Rolle des *primus inter pares* der Apple-Angestellten, indem mit seinen zwar nicht preußisch blauen, aber genauso einfachen T-Shirts eine Verbindung zum lässigen Auftreten des Vertriebspersonals in den Apple-Stores herstellt.

Als fester Bestandteil des Rituals folgt der Vorstellung der neuesten Innovationen seit Ende der 1990er Jahre regelhaft die dem legendären TV-Detektiv Colombo entliehenen Ankündigung „One more thing...". Hiermit leitet Steve Jobs über zu der Präsentation des neuesten *magic device* – einer technischen Errungenschaft, die alles bisher für möglich Gehaltene in den Schatten stellt. Angesichts der im Hintergrund nicht stillstehenden Entwicklungsabteilung bei Apple wissen wir zwar, dass das jeweils neue Gadget schon zum Zeitpunkt seiner Präsentation technisch überholt ist; das Ritual selbst ist allerdings in der Lage, dem jeweils neuen Device die Aura des Magischen und Außergewöhnlichen zu geben. Wenn Steve Jobs das neue Gerät mit dem Timbre ernsthafter Bewegtheit ankündigt und wenig später in den Händen hält, sind wir für einen kurzen magischen Moment gefühlter Ewigkeit an das Ende der Geschichte angelangt. *Wir müssen nur die Punkte im Rückblick verbinden, um zu spüren, dass alles, was bisher war, zwangläufig in genau diesem Gerät kulminiert.*

Neben dieser Inszenierung gibt allerdings noch einen weiteren Grund, von der Magie des Devices zu sprechen, weil der Mensch immer schon ein technisches Verhältnis zur Magie hatte, und zwar in dem Sinne, dass es in der Magie nicht um die Anwendung physikalischer Gesetzmäßigkeiten, sondern um die des Willens und der sozialen Bindungen geht. Es ist die Leistung des Mythos, dass sich der eigene Wille durch Magie auf die äußeren Phänomene der Umwelt wie auf andere Menschen beziehen kann. In der wesentlich technisch verfertigten Welt des modernen Menschen besteht diese Umwelt allerdings zu einem erheblichen Teil aus technischen Gerätschaften, mit denen wir fertig werden müssen. Die Magie von Apple-Produkten besteht hiernach eben darin, mit jedem Entwicklungsschritt in immer neuerer, besserer Weise auf Gesichtsfeld, Tastsinn und Stimme des Nutzers ausgerichtet zu sein, sodass sich für den Nutzer immer wieder das Gefühl einstellt, durch Umgang mit ihnen auf magische Weise mit der technisch verfertigten Welt kommunizieren zu können. Im Zusammenspiel mit der in der Präsentation heraufbeschworenen Magie ist es die immer unmittelbarere Kommunikation mit der Technik durch immer unsichtbarer werdende Apparaturen, die eine magische Aura der Geräte selbst begründet. Eine Verlängerung der technischen Entwicklungsschritte in die Zukunft macht unmissverständlich deutlich, dass sich das ultimative Apple Produkt in vielleicht gar nicht mehr allzu fernen Zukunft ganz ohne äußere Umwege direkt mit unseren Gedanken kurzschließen wird. Wo mit *Siri*, *AirPods* und Gesichtserkennung immer mehr taktile Elemente verschwunden sind, scheint sich mit der Präsentation der VR-Brille *Apple Vision Pro* im Juni 2023 eine neue Welt zu eröffnen, in der wir mit der Technik durch bloßes Hinsehen auf Augenhöhe kommunizieren.

Seine hierin durchscheinende Fähigkeit, das Mängelwesen Mensch und seine Welt durch immer neue Prothesen nachhaltig zu verändern, hat der Konzern aber schon mit der Vorstellung des iPad im Jahre 2010 bewiesen. Das neue Gerät einer völlig neuen Produktklasse wie ehedem Moses die Gebotstafeln in den Händen haltend, schließt sich der *character arc* von Steve Jobs. Tatsächlich ist der Moment der Präsentation des iPad einer biblischen Erzählung sehr ähnlich. Der schon von Krankheit gezeichnete Firmenlenker schlüpft vollends in die Rolle des Propheten, indem er der staunenden Gemeinde eine leuchtende Tafel präsentiert, die ihr die Zukunft weist. Die trotz der hiernach allergrößten Gewinne in der Firmengeschichte (vgl. Statista, 2018) gefühlte Stagnation der Marke Apple wird dann auch von vielen auf Jobs' Ableben im Jahr 2011 zurückgeführt: „This is no longer the Apple of Steve Jobs, when it could release epoch-shifting products every two years or so", lautet etwa ein einschlägiger Kommentar bei Forbes (vgl. Su, 2013).

Hinsichtlich der Bedeutung für die Marke spielt es keine Rolle, ob Kommentare dieser Art den Kern des Problems treffen. Es ist auch nicht relevant, ob die tatsächliche Lebensgeschichte von Steve Jobs überhaupt diese enge Verbindung von persönlichem Genie und erfolgreicher Produktpalette rechtfertigt. Es ist dafür auch nicht wichtig, dass Freunde und Familienmitglieder andere Erinnerungen an Steve Jobs haben als das Bild, das in den veröffentlichten Biografien und Biopics nach seinem Ableben vermittelt wird. So äußert sich etwa Jony Ive sehr kritisch über das nach seinem Ermessen verzerrte Bild von Steve Jobs in dem gleichnamigen Film (Boyle, 2015; vgl. Makarechi, 2015). Es lässt sich demgegenüber jedoch kaum von der Hand weisen, dass die allgemeine Annahme über dessen Charakter und die starke Verbindung zwischen der überlebensgroßen Persona *Steve Jobs* und Marke *Apple* das Produkt des enormen Marketingtalents des Apple Gründers selbst ist. Längst ist seine Lebensgeschichte zu einem global akzeptieren Narrativ geworden, deren Authentizität nicht dadurch infrage gestellt werden könnte, dass sie eher lose auf faktischen Begebenheiten basiert. Sie ist in der Tat auch dahingehend moderner Mythos, dass ihre fiktionalen Elemente für die breite Masse unproblematisch sind.

Mit dieser Verklärung der Person gehen voneinander unterschiedene *Entlastungen* durch den Mythos der Marke Apple einher. Zunächst ist die Entlastung des Entscheidungsprozesses bei Kauf von Technik zu nennen. Anstatt sich selbst auf den unübersichtlichen Markt mit verschiedenen Anbietern zu begeben, ist das Vertrauen groß, dass die Geräte dieser Marke den höchsten Ansprüchen an Qualität und Innovation genügen, weil in ihnen die Kreativität eines Jahrhundertgenies wirkt. Davon unterschieden lässt sich aber auch eine nicht die Kaufentscheidung betreffende Entlastung feststellen, die auch diejenigen Menschen betrifft, die sich niemals ein Produkt dieser Marke kaufen würden. Man muss sich dafür nur klar machen, dass der Besitz eines Apple-Gerätes nicht notwendig ist, um an der Geschichte vom Studienabbrecher zum CEO eines der innovativsten Unternehmen der Welt teilzuhaben. In technisch-praktischer Hinsicht wurde die Touchscreen-Funktion von anderen Herstellern und in Anwendungsbereichen jenseits von iPhone und iPad übernommen. Sie ist auf diese Weise als ein neues, den Alltag entlastendes Element in das Repertoire des kommunikativen Verhaltens des Homo sapiens in der von ihm technisch verfertigten Welt eingegangen. Über all dem steht der Mythos Apple für das entlastende Gefühl, in einer Welt zu leben, in der uns die Technik nicht fremd und bedrohlich gegenübersteht, sondern sich ihre Entwicklung als ein rückblickend sinnvoller Prozess verstehen lässt, dessen Ziel die Erweiterung menschlicher Potenziale ist.

Literatur

Arendt, H. (1981). Vita Activa – oder vom tätigen Leben. R. Piper & C. Verlag (Originalwerk veröffentlicht 1958).
Boyle, D. (2015). *Steve Jobs*. Universal Pictures.
Campbell, J. (2004). *The hero with a thousand faces*. Princeton University Press (Originalwerk veröffentlicht 1949).
Forrester, B., & Archer, W. (Directors). (19. Mai 1996). *Homerpalooza*. In Groening, M. (Executive Producer), *The Simpsons*, Season 7, Episode 24.
Freud, S. (1997). Das Unbehagen in der Kultur. In A. Mitscherlich, A. Richard, & J. Strachey (Hrsg.), *Ders., Studienausgabe, Bd. IX. Fragen der Gesellschaft, Ursprünge der Religion* (S. 191–270). Fischer (Originalwerk veröffentlicht 1930).

Golub, J., Schulman Edelstein, J., & Smith, C. Y. (1997). *The crazy ones* (Steve Jobs Version). https://www.youtube.com/watch?v=-z4NS2zdrZc. Zugegriffen: 20. Dez. 2023.

Hegel, G. W. F. (1986). *Werke in 20 Bänden, Bd. 7:* Suhrkamp. Grundlinien der Philosophie des Rechts.

Lam, B. (18. Juni 2007). *IGod: Has Steve Jobs Peaked?* https://gizmodo.com/igod-has-steve-jobs-peaked-269892. Zugegriffen: 20. Dez. 2023.

Lynch, K. (2018). *Steve jobs.* White Lion Publishing.

Makarechi, K. (7. Oktober 2015). Jony Ive calls Steve Jobs movie a „heartbreaking" hijacking. https://www.vanityfair.com/news/2015/10/jony-ive-steve-jobs-movie-heartbreaking. Zugegriffen: 20. Dez. 2023.

Nietzsche, F. (1980ff). Sämtliche Werke. Kritische Studienausgabe in 15 Bänden, herausgegeben von G. Colli and M. Montinari. DTV de Gruyter. Zitiert als „KSA". – KSA 1, Die Geburt der Tragödie (Originalwerk veröffentlicht 1872). – KSA 3: Morgenröthe (Originalwerk veröffentlicht 1881).

Schlender, B., & Tetzeli, R. (2016). *Becoming steve jobs.* Hachette.

Statista. (2018), Apple's revenue worldwide from 2004 to 2018* (in billion U.S. dollars). https://www.statista.com/statistics/265125/total-net-sales-of-apple-since-2004/. Zugegriffen: 20. Dez. 2023.

Su, J.-B. (24. Dezember 2013). Why Apple Lost Its Innovation Spirit With New IPads. https://www.forbes.com/sites/jeanbaptiste/2013/10/23/apple-lost-innovation-spirit-with-new-ipads/. Zugegriffen: 20. Dez. 2023.

Stevenote. (11. November 2023). https://en.wikipedia.org/wiki/Stevenote. Zugegriffen: 18. Dez. 2023.

Think Different. (9. November 2023). https://de.wikipedia.org/wiki/Think_Different. Zugegriffen: 18. Dez. 2023.

2

McDonald's: A Glorious Name

Zusammenfassung Indem Namen eine unmittelbare emotionale Bindung zum Konsumenten herstellen, stellt sich die Frage danach, welchen Beitrag der richtige Name zum Erfolg einer Marke leisten kann. An der Geschichte der Restaurantkette McDonald's lässt sich ablesen, dass große Marken auch deshalb erfolgreich sind, weil ihre Namen einen passenden Klang haben. Mit Blick darauf lässt sich aber auch feststellen, dass der Wortzauber einer großen Marke weniger der Grund als vielmehr das Resultat für den Erfolg einer Marke ist.

Zu den entscheidenden Entwicklungen in der Philosophie des 20. Jahrhunderts gehört der als *linguistic turn* bezeichnete Paradigmenwechsel, mit dem die Untersuchung der Sprache die Leitfunktion in der philosophischen Debatte zukommt. Sprache dürfen wir uns nicht nur als bloße Vermittlerin zwischen dem menschlichen Bewusstsein einerseits und den Objekten andererseits vorstellen. Vielmehr können wir uns klarmachen, dass sie durch ihren inneren Zusammenhang selbst erst jene Wirklichkeit erschafft, auf die wir uns bewusst beziehen. „Die Sprache ist das Haus des Seins", wie uns der oft zitierte Ausspruch *Martin Heideggers* wissen lässt (Heidegger, 1947/1976, S. 319). Diese existenzielle Bedeutung der Sprache auch für Marken lässt sich zuvorderst an ihren Eigennamen ablesen – es sind die Markennamen, die Logos, Farben, Schrifttypen und allen anderen Markenmerkmale unverändert über die Zeiten überdauern.

Allerdings stellt die Analyse von Eigennamen und deren Bedeutung eine Herausforderung für die moderne Sprachphilosophie dar. So vertritt der Urvater der modernen Sprachphilosophie, *Gottlob Frege*, ein Modell, das zwischen *Sinn* und *Bedeutung* von Eigennamen unterscheidet (Frege, 1892/2019). Grundsätzlich handelt es sich bei einem Eigennamen um eine Art Platzhalter für komplexere Sachverhalte, was wir in einer unserem alltäglichen Sprachgebrauch etwas entgegenlaufenden Terminologie als dessen *Bedeutung* verstehen können. Um die Bedeutung des Gemeinten zu treffen, können wir anstelle des Eigennamens auch den entsprechenden komplexeren Ausdruck verwenden. McDonald's könnten wir demnach beispielsweise mit dem Ausdruck „größte Restaurantkette der Welt, gemessen am Umsatz im Jahre 2017" ersetzen (vgl. Forbes, 2017).

In einer ersten Annäherung scheint diese Bemerkung eine überall anwendbare Selbstverständlichkeit zu sein, weswegen es im Alltag durchaus unproblematisch finden, wenn wir mit dem Verweis auf bestimmte Eigenschaften darüber aufgeklärt werden, wer oder was sich hinter einem bestimmten Namen verbirgt. Die in dieser einseitigen Betrachtung liegende Schwierigkeit wird es jedoch deutlich, wenn wir uns beispielsweise auf einen wirklich vertrauten Menschen beziehen. So ist meine Frau wohl „derjenige Mensch, den ich an unserem Hochzeitstag geheiratet habe". Wenn ich sie bei ihrem Namen nenne, meine ich allerdings nicht allein die Bedeutung dieses oder sonst irgendeinen anderen biografischen Sachverhalt, sondern verbinde mit dem Namen selbst einen bestimmten Gehalt. Frege fasst dieses als den im Eigennamen selbst liegenden und von der Bedeutung unterschiedenen „Sinn" (vgl. Frege, 1892/2019, S. 11), dessen Stellung zwischen rein subjektiver Vorstellung einerseits und Bedeutung des Gegenstands andererseits sich treffend an Namenswechseln verdeutlichen lässt. Handelte es sich bei Namen einzig um beliebige Worte zur Identifikation bestimmter Subjekte, dann wäre eine solche Änderung in etwa so relevant, wie für eine Variable in einer Gleichung immer ein x anstelle eines u zu verwenden. Tatsächlich aber sind Namensgebungen und Namenswechsel Ereignisse von einiger Tragweite, bei denen weit mehr geschieht, als dass wir Dingen und Subjekten bestimmte Benennungen anheften. Sie verleihen ihnen selbst einen besonderen übersubjektiven *Sinn*. Bezogen auf eine Vorstellung von der Sprache als Haus des Seins „ist" ein Mensch von dem Zeitpunkt seiner Namensgebung an in einem existenziellen Sinne dieser Name und eine Änderung tangiert ihn damit in seinem ganzen Sein.

Ein Zeichen dieser existenziellen Verbindung zwischen Eigennamen und Menschen kann man auch darin sehen, dass es durch sie möglich wird, die Welt durch bloße Willensäußerungen zu verändern. Dieser Fall liegt etwa dann vor, wenn man jemandem um etwas bittet und es dann nicht selbst zu verrichten braucht. Indem man damit Persönlichkeiten, also beseelte Wesen auf der Empfängerseite voraussetzt, ist die Bitte bei Nennung des Namens der Prototyp der Magie. Dieser Gedanke findet sich beispielsweise bei *Ernst Cassirer* in seinen Überlegungen zum Mythos. Er weist damit darauf hin, dass die an sich fremde Natur aus der Perspektive des mythischen Bewusstseins dadurch handhabbar wird, dass die in ihr wirkenden Kräfte bei ihrem eigentümlichen Namen genannt werden:

> „Wer den wahren Namen eines Gottes oder Dämon kennt, dem ist daher auch die Macht seines Trägers unumschränkt zu eigen; eine ägyptische Erzählung berichtet, wie Isis, die große Zauberin, den Sonnengott Ra durch List dazu bringt, ihr seinen Namen zu entdecken, und wie sie dadurch die Herrschaft über ihn selber und über alle anderen Götter gewinnt." (Cassirer, 1925/2002, S. 51 f.).

Eine auf seltsame Weise ähnliche Schilderung der magischen Macht des Namens findet sich auch in John Lee Hancocks Film *The Founder* (2016), der die Lebensgeschichte des apostrophierten McDonald's Gründers *Ray Kroc* erzählt. Tatsächlich ist diese Geschichte derjenigen über die große Zauberin *Isis* gar nicht so unähnlich, indem Kroc sich durch den Kauf des Unternehmens vor allem des Markennamens bemächtigt. Der Dramaturgie des Films folgend besteht seine List darin, im Unterschied zu *Dick* und *Mac McDonald's* als den eigentlichen Gründern und ersten Franchise-Gebern der Schnellrestaurants in dem Namen die entscheidende Bedeutung für den Erfolg des Unternehmens erkannt zu haben. Nach Abschluss des entscheidenden Unternehmenskaufs lüftet er den bis dahin auch vor den Kinogängern verheimlichten Grund dafür, das Unternehmen gekauft und nicht einfach dessen System kopiert zu haben:

> "It's not just the system. It's the name. That name. That glorious name. McDonald. It's wide open. Limitless. It could be anything, whatever you want it to be. It sounds like... America." (Ray Kroc gespielt von Michael Keaton in *The Founder* (Hancock, 2016)).

Tatsächlich ist diese auf einer Herrentoilette spielende Unterredung zwischen Ray Kroc und Richard McDonald brillant, zumal mit *Michael Keaton* die ideale Besetzung für einen etwas abgehalfterten Handelsreisenden ist, der sein Lebenswerk erst in der fortgeschrittenen zweiten Lebenshälfte beginnt.

Allerdings ist es schon deshalb ratsam, sich den *Sinn* des Namens McDonalds noch etwas genauer anzusehen, weil The Founder wesentlich von Ray Kroc und nicht nur von der Entwicklung von McDonald's handelt. Im Spannungsbogen des Films ist die Sache mit dem Namen eine sehr gute Pointe, um Krocs herausragendes Verständnis von der Wirksamkeit einer Marke zu illustrieren. Es ist allerdings fragwürdig, ob ein Name allein den Erfolg dieser oder irgendeiner anderen Marke erklären kann. Mit Blick auf viele andere erfolgreiche Marken scheint die ästhetische Beschaffenheit oder kulturelle Verankerung eines Namens im Vornherein wenig bis gar nichts mit dem Erfolg einer Marke zu tun haben. Man könnte sich sonst kaum erklären, dass ein so gewöhnlicher Name wie *Microsoft* für ein Softwareunternehmen oder ein deutlich an Kokain erinnernder Brand für Getränke zu den erfolgreichsten Marken der Welt zählen. Trotzdem aber wird heute wohl niemand die Wirkung dieser Namen bestreiten und bestimmt zugeben, dass McDonald's nicht nur gut, sondern der einzig passende Name für diese in den Top 10 der wertvollsten Marken gelistete erfolgreichste Restaurantkette weltweit ist.

Eine plausible Erklärung dafür, dass wir diese Bewertung erst nachträglich vornehmen, ist der Gewöhnungseffekt. Wir dürfen uns Namen nicht wie bloße Etiketten zur Identifikation von Entitäten, sondern als existenziell mit den Lebensläufen der Namenträger und Namensträgerinnen verbunden vorstellen, mit denen wir es zu tun haben. Mit Blick auf den oben beschriebenen *Sinn* eines Eigennamens ließe sich überdies feststellen, dass Eltern nicht anders können, als ihren Kindern bestimmte in ihrem Kontext relevante Namen zu geben (vgl. Hornbostel, 1997). Spiegelbildlich dazu sind positive wie negative Vorurteile und Erwartungen mit bestimmten Namen in ihrem jeweiligen Kontext verbunden. Wer beispielsweise im deutschen Sprachraum ein Kind mit dem Namen *Emil* trifft, der hat eine deutlich andere Vorstellung von dessen Elternhaus, als wenn es sich um ein Kind namens *Kevin* handelte. Angesichts dessen lässt sich in der Tat argumentieren, dass McDonald's einen All-American Namen hat, dessen *Sinn* für das Bestehen der Marke förderlich ist. Eingedenk der Tatsache, dass es sich nicht um den einzigen Namen mit dieser Eigenschaft handelt, zeigt sich allerdings auch, dass sich die konkrete Bedeutung bestimmter Markennamen wie bei natürlichen Personen erst mit den Biografien der Namensträger herauskristallisiert. In dem Sinne also, dass mit dem Namen eine bestimmte Vorstellung einhergeht, indem der Name mit Leben gefüllt wird, liegt die Annahme nahe, dass sich die bestimmte Bedeutung und damit die Magie eines Markennamens wie McDonald's erst mit dem Erfolg des Unternehmens eingestellt hat.

Diesem Prozess der Kristallisation folgend ist zunächst anzumerken, dass Ray Kroc das Unternehmen nach eigener Aussage und entgegen der filmischen Dramaturgie keineswegs allein wegen des Namens gekauft hat. Vielmehr zeigt sich sein Talent als erfahrener Handlungsreisender und Kenner der praktischen Seite des Geschäfts in der Erkenntnis, dass der Erwerb des Unternehmens einen entscheidenden Entwicklungsvorsprung vor jeden Kopisten schafft. Hätte er wie viele andere auch das originäre *McDonald's-Speedy-System* bloß kopiert, dann hätte er selbst all die großen und kleinen Fehler machen müssen, die die Brüder McDonald selbst bereits in vielen Jahren begangen und ausgemerzt hatten (vgl. Love, 1986, S. 42). So aber konnte er sich mit einem technisch völlig ausgereiften System in dem durchaus schon in den 1960er Jahren stark umkämpften amerikanischen Markt der Schnellrestaurantketten behaupten. Hiervon ausgehend ist der extreme Grad der Standardisierung von Einrichtung, Arbeitsabläufen und Produkten das wesentliche Merkmal von McDonalds überall in der Welt. Neben dem Umstand, dass das Angebot bei einem Besuch tatsächlich bis auf wenige landestypische Extras überall identisch ist, zeigt sich dieser hohe Anspruch an gleichförmige Qualität etwa beim sogenannten *Big-Mac-Index* (The Economist, 2023), der seit 1986 die Kaufkraft unterschiedlicher Währungen anhand des Preises für einen Big Mac in der jeweiligen Landeswährung vergleicht.

Aufgrund der großen Streuung der Filialen ist McDonald's von Anfang an Bestandteil auch vieler kleiner Gemeinden in den USA, weil das preiswerte Angebot einen Restaurantbesuch für die ganze amerikanische Kleinfamilie erst ermöglicht. McDonald's hat dieses schon frühzeitig mit einem Marketing forciert, das neben Familien gezielt auch auf Kinder zugeschnitten ist. Die Comicfiguren um Ronald McDonald, Spielplätze und eine kindgerechte Ansprache in den Restaurants haben dazu beigetragen, als Familienrestaurant wahrgenommen zu werden. Außerdem ist McDonald's insbesondere in ländlichen Regionen in Ermangelung anderer Optionen Treffpunkt für Jugendliche, von denen viele auch ihre ersten Schritte in die Arbeitswelt bei McDonald's machen. Da sich das Management eines McDonald's Schnellrestaurants von allen bisher bestehenden Angeboten in der Gastronomie unterscheidet, entstand bereits in den frühen 1960er Jahren eine eigene Akademie für Franchisenehmer. Für die meisten Tätigkeiten in den arbeitsteilig organisierten Schnellrestaurants ist allerdings keine höhere Bildung erforderlich. Diese einfachen Jobs werden mit der in den 1970er Jahren einsetzenden Expansion von McDonald's genauso ins Ausland exportiert wie Burger und Fritten. In der zusehends globalisierten Arbeitswelt ist es auch nur folgerichtig, dass es seit 2012 einen dem Big-Mac-Index entlehnten *McJob-Index* (Hern, 2012) gibt, der die Stundenlöhne für die völlig identischen Arbeitsabläufe der über eine Million Mitarbeiter bei McDonalds weltweit vergleicht.

Eine Verankerung der Schnellrestaurantkette in der Gesellschaft, die noch tiefer geht als es durch die Ubiquität von preiswertem Essen, einfachen Jobs und ein cleveres Marketing erreicht werden könnte, zeigt sich eindrucksvoll während der Riots von 1992 in Los Angeles. Diese überwiegend die unterprivilegierte schwarzen Bevölkerung betreffenden Unruhen verwüsteten weite Teile des Zentrums von Los Angeles und gehen mit Zerstörungen und Plünderungen von Einzelhändlern und Restaurants einher. Zum allgemeinen Erstaunen sind davon allerdings keine der McDonalds-Filialen in den ansonsten völlig verwüsteten Zonen der härtesten Auseinandersetzungen betroffen. Ein Grund dafür wird darin gesehen, dass sich die Franchisenehmer mit kleinen Hilfen wie Basketballbällen für Jugendliche und kostenlosem Kaffee für Arbeitslose für ihre Community einsetzten (vgl. Ebeling, 2012). Offenkundig haben sie sich dabei die von Ray Kroc selbst ausgegebene Parole zu Herzen genommen, einen Teil ihres Erfolgs an die Gemeinschaft zurückzugeben. Dieser Grundsatz ist seit 1974 mit der *Ronald McDonald House Charity* etabliert worden (Ronald McDonald House Charities, 2023). Wichtiger noch als diese Einrichtung erscheint allerdings der Umstand, dass die McDonals-Franchisenehmer dort wie andernorts auch aus der Nachbarschaft selbst kommen und die jeweiligen Restaurants daher von der sich empörenden Masse als schützenswerter Teil des eigenen Umfelds wahrgenommen werden (vgl. Harris, 2009, S. 70 ff.). Ein überregional tätiger McDonalds-Manager bemerkt dazu, „people believe that you do not mess around where my son works, or with what my neighbor owns, or where my wife eats." (Ebd., S. 71). Ray Krocs frühe Einsicht darin, dass einzelne inhabergeführte Filialen weitaus erfolgreicher operieren als solche mit möglicherweise ortsfremden Geschäftsführern, zeigt sich in dieser positiven Außenwahrnehmung.

Der Name McDonald's „klingt wie Amerika", so lässt sich bis in die 1990ere Jahre über die von ihm ausgehenden Magie sagen, weil das unternehmerische Handeln auf dem Ideal des amerikanischen Traums gründet, arbeitsteiligen Fordismus und unternehmerisches Engagement in einem kapitalistischen System zu versöhnen, das den Bezug zur Gemeinschaft nicht verliert. McDonald's ist auf diese Weise geradezu gleichbedeutend mit den Versprechungen der Konsumgesellschaft von ubiquitärer Verfügbarkeit qualitativ gleichbleibender preiswerter Produkte, was die Marke mit spielerischer Leichtigkeit und der Utopie von allgemeiner Wohlfahrt zu verbinden vermag.

Diese progressiven Charaktereigenschaften sind in ihrer Abgrenzung zur Konkurrenz mit dem in den 1970er Jahren in Deutschland verwendetem Slogan „Das etwas andere Restaurant" ausgesprochen gut auf den Punkt gebracht (vgl. List of McDonald's marketing campaigns 2023). Der Slogan wendet sich an eine Generation, die es anders hat und wohl auch anders machen will als die vorherige, und die der Globalisierung weitgehend positiv gegenübersteht. Coca-Cola, Nike, Star Wars und die Anwesenheit eines McDonald's sind für sie die äußeren Zeichen der zusehends Realität werdenden positiven Vorstellung einer gänzlich durch die westliche Lebensweise integrierten Welt, in der sich regionale Besonderheiten nur noch an Details ablesen lassen – etwa indem man einen „Quarter Pounder with Cheese" in Paris kurz und knapp als „Royal" bezeichnet, wie wir in *Quentin Tarrantinos* Meisterwerk *Pulp Fiction* (1994) erfahren.

Mit einigem Recht kann man behaupten, dass der Wortzauber von McDonald's einen ersten Höhepunkt in einer Phase der Moderne erlebt, in der diese Utopie mit dem vermuteten Ende der größtmöglichen mythischen Erzählung Wirklichkeit zu werden scheint. Nicht weniger als der *character arc* der Geschichte selbst scheint sich in den 1990er Jahren zu schließen, indem der kapitalistische Westen über den sozialistischen Osten triumphiert, wie es *Francis Fukuyama* in Anlehnung an die Überlegungen *G.W.F. Hegels* über das *Ende der Geschichte* postuliert (Fukuyama, 1992). Wenige Bilder illustrieren den damit gemeinten Triumph des westlichen Modells über die Ostblockstaaten wie die langen Schlangen vor der ersten McDonalds-Filiale in Moskau, die bereits zwei Jahre vor dem Ende der Sowjetunion am 31. Dezember 1990 eröffnet (vgl. Althanns, 2007). Die mit dem Fall des Eisernen Vorhangs einhergehende Hoffnung, dass marktwirtschaftliche Kooperation zwangläufig zu friedlichem Miteinander führen, formuliert *Thomas L. Friedman* dann auch sinnfällig mit der an Kants Diktum vom Frieden unter Demokratien erinnernden „Golden Arches Theory": „No two countries that both had McDonald's had fought a war against each other since each got its McDonald's" (Friedman, 1996). Gewissermaßen einen Beweis *ex negativo* dieser Theorie liefert der Rückzug von McDonald's aus Russland im Mai 2022 (McDonald's, 2023).

Der aus heutiger Sicht also keineswegs das Ende, sondern eher einen Wendepunkt der Geschichte beschreibende Umbruch in den frühen 1990er Jahren bleibt lange vor diesem Ereignis für McDonald's nicht ohne Folgen. Mit der Expansion nach Indien und China tritt die Restaurantkette den Beweis dafür an, dass eine Vorliebe für Fastfood amerikanischer Prägung kulturübergreifend ist (vgl. Mujtaba, 2007). Gleichzeitig aber führen wachsende Konkurrenz, eine problematische Preispolitik und vor allem das sich wandelnden Gesundheitsbewusstsein in den USA zu Gewinneinbrüchen und einem Absturz der Aktie, der seinen Tiefpunkt 2002 mit einem Kursverlust von 39.25 % erreicht (Macrotrends, 2020). Im selben Moment wird McDonald's zusehends zum Synonym für die Abstiegsängste der Mittelklasse. Wenn es schon immer eine schwer einzulösende Utopie war, die einfache und eintönige Arbeit bei McDonald's mit dem amerikanischen

Traum zu verbinden, steht die Bezeichnung „McJob" jetzt für jede Art von unattraktiver, unkreativer, schlecht bezahlter und als herabsetzend empfundener Arbeit im globalisierten Dienstleistungssektor (vgl. Urban Dictionary, 2023).

In dieser Situation startet McDonald's 2003 seine erste globale Branding-Kampagne, deren von der deutschen Agentur *Heye und Partner* erdachtes Motto „I'm lovin' it" die bis dahin in verschiedenen Ländern voneinander unterschiedenen Slogans ersetzt. Erwähnenswert ist zunächst der für die frühen Nullerjahre noch ungewöhnliche Ansatz eines über das Medium Werbung hinausgehenden *Transmedia-Storytelling*. So werden Slogan und Jingle nicht nur in den offiziellen Werbemaßnahmen verwendet, sondern auch in einem gleichnamigen Popsong von *Justin Timberlake* platziert, der zeitversetzt zum Start der Kampagne als reguläre Single erscheint (vgl. Hogan, 2016). Indem es sich bei dem Song nicht eindeutig um einen Werbejingle handelt, gewinnen damit sowohl Slogan und Jingle eine größere Verbreitung als auch die Kampagne an Authentizität.

Nicht nur ist der Song originell genug, um für sich allein zu stehen, sondern bildet in Kombination mit dem Musikvideo auch den Schlüssel zum Verständnis der Kampagne. So ist das „it" im Musikvideo das „gewisse Etwas" eines unbekannten Mädchens, dem der Sänger kurzentschlossen durch den Großstadtdschungel folgt. Diese Handlung, die wir heute wohl als Stalking verurteilen würden, wird im Jahr 2003 noch unverblümt positiv als Ausdruck spontanen Vertrauens in die eigenen Gefühle gedeutet. Wenn auch weniger glamourös, so haben doch auch die Darsteller in den gleichzeitig anlaufenden McDonalds-Commercials ein Gespür für das „gewisse Etwas" im Leben, indem sie monotone und komplizierte Situationen kreativ und spontan zu besonderen emotional interessanten Ereignissen verwandeln. Unübersehbar knüpfen Schnitt und Tonalität der Commercials an die Ästhetik des progressiven Films der 1990er Jahre an. Allerdings verkehrt sich dessen nihilistische bis hedonistisch-frivole Absage an das normale Leben, wie wir sie etwa aus dem Eröffnungsmonolog der Figur Renton in Danny Boyles *Trainspotting* (1996) kennen, in eine leidenschaftlich konformistische Bejahung. *I'm loving it* spiegelt das Lebensgefühl einer vollends angepassten und dabei das Besondere im Gewöhnlichen findenden Haltung wider, was auch die in den Filmschnipseln auftauchenden Insignien der Marke McDonald's mit einbezieht.

Der strategische Ansatz der Kampagne lässt sich hiernach so beschreiben, dass sie die Probleme des Unternehmens dadurch frontal angeht, die mögliche Kritik an den Produkten vom Gefühl für die Marke zu dissoziieren.

Die besondere Qualität der Speisen von McDonalds tritt dabei zugunsten des mit der Marke verbundenen positiven Gefühls in Hintergrund. Dieses Vorgehen tritt insbesondere dann hervor, wenn die vorhergehenden deutschsprachigen Slogans als Vergleich herangezogen werden: „Das etwas andere Restaurant." „Essen mit Spaß." „Gut, dass es McDonald's gibt." „Der Platz, wo Du gern bist, weil man gut isst." „McDonald's ist einfach gut." „Every time a good time." (List of McDonald's marketing campaigns, 2023). Diesen Slogans ist gemein, sich auf einen bestimmten Aspekt am Restaurantbetrieb beziehen und damit auch Angriffsfläche für Kritik an eben diesem zu bieten. Sie werfen die Frage auf, ob bei McDonalds wirklich alles einfach Spaß macht, alles gut ist und man tatsächlich gut isst. Angesichts des wohlgefälligen *Badabababa-Jingles* stellt sich diese Fragen gar nicht mehr, weil er die Antwort schon parat hat: *I'm loving it,* selbst wenn es am Hamburger doch noch etwas zu bemängeln gäbe.

Sicherlich waren sich Heye und Partner nicht darüber im Klaren, dass schon Kant einen ganz ähnlichen Gegensatz zwischen positivem Gefühl und rationaler Bewertung mit dem Theorem des *interesselosen Wohlgefallens* entwickelte. So macht er für Kunstwerke geltend, dass deren Schönheit durchaus eine Wertschätzung verdient, auch wenn deren Genese gegen unsere Vorstellung vom Guten verstößt. Ein Palast kann beispielsweise auch dann noch schön sein, wenn er von einem Tyrannen errichtet wurde (vgl. Kant, 1790/1974, S. 116). Die Kritik daran greift hinsichtlich des für die Empfindung des Schönen verantwortlichen Teils unseres Bewusstseins ins Leere, weil Schönheit wahrzunehmen von der Abneigung gegen schlechte Herrschaft gar nicht betroffen ist. Sicherlich würde ein *Big Mac* nach Kants Maßstäben kaum in die Kategorie des Schönen fallen. Allerdings ist davon ja gar nicht die Rede, sondern von der Marke McDonald's, deren Bedeutung für den Konsumenten durchaus von der Beschaffenheit der Produkte getrennt werden kann. Auch ohne die Frage klären zu müssen, ob Marken in derselben Weise wie Paläste als Kunstwerke betrachtet werden können, spricht der Erfolg der Kampagne dafür, dass eine hohe Bereitschaft für eine von vielen anderen Aspekten absehende ästhetische Einstellung gegenüber dieser Marke vorhanden ist. Sicherlich gab es in den folgenden Jahrzehnten Veränderungen im operativen Geschäft genauso wie im Auftritt der Marke, mit denen sowohl auf die negative Einstellung gegenüber Fastfood wie den sich ändernden Zeitgeist eingegangen wurde. Dabei sind die Einführung der *McCafés* als Antwort auf den von Starbucks angeführten Trend der Kaffeehäuser sowie die Ausrichtung zu mehr Nachhaltigkeit und Umweltbewusstsein und damit zusammenhängend grün als CI-Farbe in vielen Ländern herausragende Neuerungen. Diese und viele andere Veränderungen haben wohl zu einer höheren Akzeptanz bei umwelt- und trendbewussten Kunden in den westlichen Gesellschaften geführt. Für dieselbe Klientel bleibt McDonald's allerdings genauso auch der Inbegriff für ungesundes Essen und unguten Massenbetrieb schlechthin, wie dieses Problem in regelmäßigen Abständen vom investigativen Journalismus aufgegriffen wird (vgl. Spurlock, 2004; Sükar, 2019). Angesichts dessen liegt die Stärke von *I'm lovin' it* darin, dass McDonald's die Widersprüche zwischen Fastfood und gesunder Ernährung, prekärer Fließbandarbeit und kreativen Zukunftsperspektiven, dem amerikanischen Traum und der globalisierten Wirklichkeit deshalb nicht aufzulösen braucht, weil wir uns für unsere Gefühle nicht rechtfertigen müssen. So wie sich Renton in Trainspotting nicht von Argumenten für ein geordnetes Leben beeindrucken lassen muss, solange er seinem Gefühl für einen anderen Lebensstil folgt, bestärkt *I'm lovin' it* die Restaurantbesucher darin, aufgrund des Gefühls für das besondere Etwas trotz besseren Wissens bei McDonald's zu speisen. Genau deshalb hat dieser Slogan heute einen Status erreicht, der vielleicht nur noch von *Just do it* übertroffen wird.

Es ist wohl nicht zu viel gesagt, dass der Name McDonald's damit zwar keine neue Bedeutung aber doch eine merkbare Verschiebung seines Sinns erfahren hat. Es liegt wohl im Auge des Betrachters, ob sich McDonald's auf diese Weise einen umso glorreicheren Namen erarbeitet hat. Zutreffender wäre es vielleicht, von einem durchaus guten Klang zu sprechen, der McDonald's zum wertvollsten Fastfood-Brand der Welt macht.

Literatur

Althanns, L. (2007). Die Eröffnung des ersten McDonald's In Moskau. Themenportal Europäische Geschichte. https://www.europa.clio-online.de/essay/id/fdae-1412. Zugegriffen: 20. Dez. 2023.

Boyle, D. (1996). *Trainspotting*. Miramax Films.

Cassirer, E. (2002). *Gesammelte Werke, Hamburg Meiner Verlag (ECW 12), darin: Philosophie der symbolischen Formen, Zweiter Teil: Das mythische Denken* (Originalwerk veröffentlicht 1925).

Ebeling, C. (17. Juli 2012). Rodney King death today reminds of a positive lesson from LA riots. https://applewoody.wordpress.com/2012/06/17/rodney-king-death-today-reminds-of-a-positive-lesson-from-la-riots/. Zugegriffen: 20. Dez. 2023.

Forbes. (2017). McDonald's Is King of Restaurants in 2017. https://www.forbes.com/pictures/591c79084bbe6f1b730a5811/2017-global-2000-restaura/#78d0bcc36d2a. Zugegriffen: 30. Aug. 2023.

Frege, G. (1892/2019). *Über Sinn und Bedeutung*. Ditzingen: Philipp Reclam jun. Verlag.

Friedman, T. L. (8. Dez. 1996). Foreign affairs big mac. *The New York Times.* https://www.nytimes.com/1996/12/08/opinion/foreign-affairs-big-mac-i.html. Zugegriffen: 20. Dez. 2023.

Fukuyama, F. (1992). *The end of history and the last man.* Free Press.

Hancock, J. L. (2016). *The Founder.* The Weinstein Company.

Harris, P. S. (2009). *None of us is as good as all of us.* Wiley.

Heidegger, M. (1976). *Brief über den Humanismus, in ders., Wegmarken.* Klostermann (Originalwerk veröffentlicht 1947).

Hern, A. (22. Juni 2022). The McJob Index. https://www.newstatesman.com/blogs/economics/2012/06/mcjob-index. Zugegriffen: 20. Dez. 2023.

Hogan, M. (14. Juli 2016). The contentious tale of the McDonald's „I'm Lovin' It" Jingle. Pitchfork. https://pitchfork.com/thepitch/1227-the-contentious-tale-of-the-mcdonalds-im-lovin-it-jingle/. Zugegriffen: 30. Aug. 2020.

Hornbostel, S. (1997). Eigennamen - die Politik der feinen Unterschiede. In K.-S. Rehberg (Ed.), Differenz und Integration: die Zukunft moderner Gesellschaften; Verhandlungen des 28. Kongresses der Deutschen Gesellschaft für Soziologie im Oktober 1996 in Dresden; Band 2: Sektionen, Arbeitsgruppen, Foren, Fedor-Stepun-Tagung (pp. 407–414). Westd Verl.

Kant, I. (1974). *Kritik der Urteilskraft.* Suhrkamp (Originalwerk veröffentlicht 1790).

List of McDonald's marketing campaigns. (8. Dez. 2023). https://en.wikipedia.org/wiki/List_of_McDonald%27s_marketing_campaigns. Zugegriffen: 18. Dez. 2020.

Love, J. F. (1986). *McDonald's. Behind the arches.* Bantam.

Macrotrends. (2020). McDonald's – 50 Year Stock Price History|MCD. https://www.macrotrends.net/stocks/charts/MCD/mcdonalds/stock-price-history. Zugegriffen: 30. Aug. 2020.

McDonald's. (16. Mai 2022). McDonald's to exit from Russia. https://corporate.mcdonalds.com/corpmcd/our-stories/article/mcd-exit-russia.html. Zugegriffen: 24. Mai. 2023.

Mujtaba, B. G. (2007). McDonald's success strategy and global expansion through customer and brand loyalty. *Journal of Business Case Studies,* 3(3), S. 55–66.

Nier, H. (2017). Wie lange man weltweit für einen Big Mac arbeiten muss. https://de.statista.com/infografik/9944/wie-lange-man-weltweit-fuer-einen-big-mac-arbeiten-muss/. Zugegriffen: 23. Dez. 2023.

Ronald McDonald House Charities. (23. Nov. 2023). https://en.wikipedia.org/wiki/Ronald_McDonald_House_Charities. Zugegriffen: 20. Dez. 2023.

Spurlock, M. (2004). *Super size me.* Samuel Goldwyn Films Roadside Attractions.

Sükar, H. (2019). *Die Fast Food-Falle: Wie McDonald's und Co. auf Kosten unserer Gesundheit Milliarden verdienen.* Edition a.

Tarantino, Q. (1994). *Pulp fiction.* Miramax Films.

The Economist. (2023). Big Mac Index. http://www.economist.com/topics/big-mac-index. Zugegriffen: 23. Dez. 2023.

Urban Dictionary: McJob. (11. Dez. 2003). https://www.urbandictionary.com/define.php?term=McJob. Zugegriffen: 23. Dez. 2023.

3

Huawei: Das Versprechen Chinas

Zusammenfassung Die Entwicklung Chinas in den letzten Jahrzehnten wird aus chinesischer Perspektive als ein Wiedererstarken nach einer langen Phase der nationalen Schwäche wahrgenommen. In der Marke Huawei verdichtet sich dieses als das Versprechen einer aus der eigenen Arbeit hervorgehenden Emanzipation Chinas von der Werkbank der Welt zur führenden Wirtschaftsnation des 21. Jahrhunderts. Wie bei keiner anderen Marke ist daher Aufstieg, Fall und Wiedererstarken von Huawei ein Gradmesser der Stärke chinesischer Technik und Wirtschaftsleistung.

Indem die von *Joseph Campbell* beschriebene Reise des monomythischen Helden eine über Hindernisse verlaufende Persönlichkeitsentwicklung beschreibt, kommt dem Protagonisten zumeist die Rolle des Underdogs zu, aus der heraus es die Macht des Bestehenden zu überwinden gilt. Erst wenn fremde Kräfte besiegt und unterdrückende Mächte sich zum Besseren wandeln, kann die geläuterte Rückkehr zu sich selbst gelingen. In der eschatologischen Variante, dass sich alle irdischen Zwänge als solche überwinden lassen, ist das Narrativ integraler Bestand religiöser Erzählungen (vgl. Campbell, 1949/2008, S. 35). In profaner Form findet sich das Narrativ in der Vorstellung von der proletarischen Weltrevolution, die entgegen den religiösen Jenseitsvorstellungen auf die Verbesserung der Lage im Diesseits abzielt. Die Zeile „You'll get pie in the sky when you die" in *Joe Hills* Song *The Preacher and the Slave* (Fowke, 1973, S. 155 ff.) formuliert ironisch, was die sozialistische Internationale mit der Ernsthaftigkeit des Kampfliedes vorbringt. Ergänzend sei hinzugefügt, dass auch der kapitalistische Traum von Tellerwäscher zum Millionär dieselbe Einschätzung teilt. Man darf das eigene

Schicksal nicht fremden Mächten und jenseitigen Versprechungen überlassen, sondern kann es nur durch die eigene Arbeit im Hier und Jetzt zum Besseren verändern.

Auf einem sehr abstrakten Niveau findet sich eine wesentlich den Aspekt der Arbeit als Schlüssel zur Überwindung bestehender Verhältnisse herausstellende Analyse bereits im beginnenden 19. Jahrhundert in der Beschreibung von Herrschaft und Knechtschaft in *G. W. F. Hegels* epochenmachendem Werk *Phänomenologie des Geistes* (Hegel Werke, Bd. 7). In der ihm eigenen Weise, das Weltgeschehen vom Kopf her als Entwicklung des menschlichen Selbstbewusstseins zu betrachten, geht es Hegel weder um die Nivellierung materieller Unterschiede noch um die Apotheose des individuellen Unternehmertums. Er will hier vielmehr aufzeigen, wie sich das asymmetrische Herrschaftsverhältnis in der aus der Arbeit des Knechts hervorgehenden Selbstbewusstwerdung und Befreiung desselben auflöst. In kurzen Worten lässt sich dieses von der Situation her beschreiben, dass Knechte die Arbeit für den Herren verrichten. Auf diese Weise profitiert zunächst der Herr von den Früchten ihrer Tätigkeit, gleichzeitig aber lernen die Knechte die Welt kennen, indem sie diese durch die ihnen zugeteilte Arbeit verändern. Der Zwang zur Arbeit führt damit dazu, dass sich der Herr in einer andauernden Konsumentenhaltung gegenüber den verarbeiteten Gütern genauso stetig von der Welt entfremdet, wie die Knechte die Welt kennenlernen, da sie arbeitend zu Experten für alles Mögliche werden. Hegel beschreibt weiter, dass der Herr zuletzt in seiner Rolle überflüssig wird, weil sich das an den wirklichen Problemen gebildete Bewusstsein des Knechts auch ohne äußeren Zwang eigenständig in der Welt orientieren kann. In Wahrheit selbstständig, also frei von Fremdbestimmung, kann sich nur ein Bewusstsein in der Welt bewegen, welches sich auch die Mühe gemacht hat, diese buchstäblich zu *begreifen*. Hegel zieht daher folgendes Fazit: „Die Wahrheit des selbstständigen Bewusstseins ist damit das knechtische Bewusstsein." (Hegel Werke, Bd. 7, S. 152).

Natürlich spielt die Dialektik von Herrschaft und Knechtschaft eine systematische Rolle in Hegels Phänomenologie des Geistes und hat auch eine Vorgeschichte, der wir an dieser Stelle nicht detailliert nachgehen können. Davon losgelöst inspiriert seine Version dieses Dramas allerdings auch für sich genommen schon deshalb, weil sie die Züge der mythischen Erzählung von der siegreichen Heldenreise des vermeintlich Schwächeren in sich trägt. Auch erscheinen die Anknüpfungspunkte an die Arbeiterklasse als historisches Subjekt noch angesichts dessen naheliegend, dass sich der Linkshegelianer *Karl Marx* selbst nirgends auf diese Stelle bei Hegel bezieht (vgl. Arthur, 1983). Das Versprechen des Erfolgs durch Eigentätigkeit lässt sich aber auch auf das Unternehmertum unter den Bedingungen der Marktwirtschaft anwenden. Nicht zuletzt basiert die Erzählung vom globalen Siegeszug des Westens vor 1989 darauf, dass sich mit der effizienteren Form des Wirtschaftens auch die höher entwickelte Form produzierender Arbeit durchgesetzt hat. In diesem Sinne symbolisiert der seinerzeit gut aus dem Osten der Stadt sichtbare Mercedes-Stern auf dem Berliner Europa-Center die Überlegenheit der knechtisch in das Diktat des Kapitalismus eingebundenen deutschen Ingenieurskunst gegenüber der zur Unselbstständigkeit verdammten Arbeit in planwirtschaftlichen Produktionsverhältnissen.

Allerdings ist die Geschichte keineswegs in den frühen 1990er Jahren des 20. Jahrhunderts an ihr Ende gelangt. So geht mit der in diesem Jahrzehnt an Fahrt gewinnenden Globalisierung wesentlich einher, dass die arbeitsintensiven produzierenden Tätigkeiten aus dem Westen in Länder mit niedrigeren Arbeitslöhnen und größerer Arbeitnehmerschaft in Asien – insbesondere China – verlagert werden. Genauer gesagt werden die Produktionsstätten nach Fernost verlegt, während die intellektuell anspruchsvollen Aufgaben für Entwicklung, Marketing und administrative Tätigkeiten sowie der größte Teil des Gewinns zumeist in den westlichen Heimatländern globaler Marken verbleiben. Der neue durch den freien Handel markierte Grenzverlauf zwischen Ost und West wird damit auch zu einer Trennung zwischen geistiger und handwerklicher Tätigkeit.

Eine Zusammenfassung dieser Entwicklung in acht Worten findet sich auf der Rückseite vieler Apple Produkte: „Designed by Apple in California. Assembled in China." Mit dem sorgfältig gewählten Begriff „assembled" hat Apple eine passende Sprachregelung dafür gefunden, die lange Zeit mit Billigware assoziierte Bezeichnung „Made in China" auf seinen hochpreisigen Geräten zu umgehen. Von „angefertigt in China" zu sprechen trennt demgegenüber säuberlich zwischen der bloß ausführenden Arbeit an den *assembly lines* der chinesischen Fabriken einerseits und der die eigentliche Qualität schöpfenden kreativen Leistung des Konzerns aus Kalifornien andererseits. Abgesehen davon, dass sich das Apple-Hauptquartier tatsächlich in Bundesstaat Kalifornien befindet, wird durch das lokale Framing auf den Mythos vom Silicon Valley und besonders auf Steve Jobs als College Drop-out in der von der Hippiebewegung beeinflussten kreativen Szene des westlichsten Bundesstaates der USA angespielt. Diese Differenzierung ist für das Branding von Apple wichtig – ist es doch die kreative Leistung aus Kalifornien, die das Produkt veredelt und für eine Gewinnmarge verantwortlich ist, die in der globalen Wertschöpfungskette den Anteil der in China anfallenden Material- und Produktionskosten für ein iPhone auf unter 40 % drückt. (vgl. Tuan Do, 2023).

Es ist sicherlich nicht übertrieben zu sagen, dass dieser relativ geringe Anteil an den Früchten der eigenen Arbeit an dem Trauma des Abstiegs rührt, den die chinesische Nation in dem als Jahrhundert der Erniedrigung in die Geschichte eingegangenen Abschnitt vom ersten Opiumkrieg 1839–42 bis zur Gründung der Volksrepublik China am 1. Oktober 1949 hat (vgl. Kaufman, 2010). Die Anstrengungen nach der Gründung der Republik China und der erfolgreiche wirtschaftliche Aufstieg infolge der Reformpolitik ab Mitte der 1970er Jahren sind von der Erzählung über die Überwindung dieser nationalen Demütigung begleitet; und auch das 2012 zu Beginn seiner ersten Amtszeit von *Xi Jinping* gewählte Regierungsmotto „Verjüngung der chinesischen Nation" (vgl. Jacob & Hoang, 2020) hebt auf dieses Motiv für ein Wiedererstarken Chinas ab. In jüngerer Zeit spielen neben Initiativen wie das weltumspannende *Belt-and-Road-Projekt* auch die chinesischen Technikhersteller eine herausragende Rolle in dieser nationalen Anstrengung. Der internationale Erfolg junger und fortschrittlicher Unternehmen und Marken wird mit gutem Grund als Beweis für die neuerliche wirtschaftliche Stärke und technische Überlegenheit Chinas gesehen.

Da diese Marken zumeist im Umfeld von Produktionsstätten für ausländischer Hersteller hervorgegangen sind, kann man sagen, dass die von Hegel ausbuchstabierte Erzählung von der Emanzipation durch Selbstbildung insbesondere auf Firmen in der jungen Megapolis *Shenzhen* im Südosten China passt. In ausgezeichneter Weise lässt sich am Telekommunikations- und Consumer-Electronics-Hersteller *Huawei* aufzeigen, dass sich das Selbstbewusstsein der chinesischen Nation aus eben der Gewissheit speist, sich durch eigene Arbeit gebildet und befreit zu haben. So gehört Huawei zusammen mit *Xiaomi* zu den wenigen chinesischen Brands im *Interbrand Top-100-Ranking* der weltweit wichtigsten Marken im Jahr 2023 (Interbrand, 2023) und war während der Corona-Krise im Jahr 2020 sogar der Smartphone Hersteller mit dem größten Marktanteil weltweit (vgl. Laricchia, 2023). Schon die Namensgebung des Unternehmens ist untrennbar mit dem erwarteten Aufstieg Chinas verbunden. Der Name Huawei (华为) geht nach Aussage des Gründers *Ren Zhengfei* auf den in China bekannten Slogan „中华有为" (Zhonghua youwei) zurück, der sich als „China hat großes Potential" oder „China ist fähig und vielversprechend" übersetzt (vgl. Tech.Ifeng.com, 2013). Obwohl es sich dabei nach eigener Angabe um eine spontane Entscheidung ohne viel Nachdenken darüber handelte, verweist die Benennung doch sehr direkt auf Huawei als eine Antwort auf das einzulösende Versprechen des technologischen und gesellschaftlichen Fortschritts Chinas.

Auch wenn das patriotische Motiv im Namen auf eine Einflussnahme der chinesischen Regierung auf Huawei hinweisen könnte, wird diese von der Unternehmensführung in voller Gänze bestritten (vgl. Plummer, 2018, pos. 3507 ff.). Nicht weniger plausibel als der Anfang von Apple in einer Garage ist demgegenüber die in der von Ren Zhengfei autorisierten Firmengeschichte lancierte Erzählung vom Unternehmer als Underdog, der 1987 mit dem unvorstellbar kleinen Starkapital von nur 21.000 RMB den späteren Weltkonzern gründet (vgl. Tao, 2014, S. XXVff.; Nylander, 2017, S. 45 ff.). Auch lässt der dann folgende enorme Erfolg des Unternehmens auf eine Heldenreise in den Dimensionen eines *Steve Jobs* schließen – allerdings könnte der Unterschied zwischen den beiden Gründerpersönlichkeiten kaum größer sein. Ren ist kein visionärer Youngster in zerschlissenen Jeans, sondern ein Veteran der Volksbefreiungsarmee, als er sein Unternehmen im leicht fortgeschrittenen Alter von 42 Jahren gründet. So beschreibt ihn *Tien Tao* auch als jemanden, der zwar von manchen als eine Art *Don Quichotte* bezeichnet wird, der den Aufstieg des Unternehmens jedoch von Anfang an mit einer klaren Strategie verfolgt. Dieser auf die Lernprozesse harter Arbeit fundierte Ansatz lautet, sich zunächst um die von den großen internationalen Konzernen wenig beachteten unattraktiven Orte für den Aufbau von Telekommunikationstechnologie zu kümmern und sich von dort aus dem Zentrum des innovativen Geschäfts zu nähern.

Die ersten Akte der Unternehmensgeschichte von Huawei, das erst ab 2004 Mobiltelefone unter dem eigenen Firmennamen vertreibt, spielt sich daher auch nicht wie bei Apple als ein öffentliches Drama ab. Vielmehr vollzieht sich der Aufstieg der schon ab 2014 von Interbrand als weltweit relevanter Top-100-Brand gelisteten Marke gewissermaßen *hinter dem Rücken* der Weltöffentlichkeit. Dabei erlebt Huawei seinen Durchbruch 1994 nach einer Phase des Reverse Engineerings von Netzwerktechnik mit C&C08, einem selbstentwickelten digitalen Netzwerkswitch (vgl. Fan, 2006). Diesen kann das Unternehmen für nur zwei Drittel des marküblichen Preises anbieten. In den 2000er Jahren folgt die Ausweitung des operativen Geschäfts nach Europa. Dort legt Huawei 2006 mit speziell für *Vodaphone* angefertigten Mobiltelefonen den Grundstein für ein eigenes internationales Geschäft mit hochwertigen Smartphones. Bereits im ersten Jahr 2010 kann das Unternehmen 3 Mio. Smartphones absetzen. Ende des vierten Quartals 2018 wird dann das Benchmark von 200 Mio. verkauften Einheiten überschritten (Huawei Consumer BG, 2019).

Aus der hagiografischen Perspektive von Tien Tao lässt sich dieser Erfolg des Unternehmens vor allem auf den starken Willen der in den 1940er bis 1950er Jahren geborenen Gründergeneration zurückführen (vgl. Tao, 2014,

S. XXV). Zu dieser Verklärung des Auserwähltseins der in die Reformjahre hinein geborenen Generation gehört genauso der Hinweis auf deren patriotische und charakterliche Ideale wie die Feststellung, dass diese Art von Hingabe in der nunmehr zum Luxusleben neigenden chinesischen Gegenwart weitgehend nicht mehr vorzufinden ist (vgl. ebd., S. 132). Zutreffend ist sicherlich, dass die Anfänge bescheiden waren und Erinnerungen wie etwa diejenige an notdürftige Matratzenlager für die Mittagspausen der Arbeiter in der Fabrik zum Mythos des mit äußerster Leistungsbereitschaft verbundenen Aufstiegs gehören (vgl. ebd., S. 33). Ren Zhengfei stellt dieses als im besten Sinne kommunistische Arbeitshaltung heraus (ebd., S. 34), was in westlichen Ohren genauso befremdlich wie seine Bekenntnisse zur Kommunistischen Partei Chinas (vgl. Plummer, 2018, pos. 3534 f.) und die spezielle Ausprägung maoistischen Denkens bei Huawei erscheinen kann (vgl. Tao, 2014, S. 62). In einer etwas unaufgeregteren Lesart lässt sich diese Haltung so verstehen, dass es sich bei Huawei um ein dezidiert chinesisches Unternehmen handelt, das Weltoffenheit nach Art der herrschenden Fortentwicklung der Doktrin der CPC pflegt. Für Ren Zhengfei bedeutet diese Aussage auch, internationalen Partnern und Mitarbeitern nicht unbedingt die chinesische Sicht der Dinge aufzwingen zu wollen, sondern von ihnen zu lernen und dieses Wissen für die fortschreitende Entwicklung der eigenen Kultur zu nutzen:

> „We must not force foreign employees to identify with the Chinese way. Perhaps we are not very clear about our own culture. In fact, Huawei's culture is like an onion with many layers; one layer is the British culture, another layer is Chinese, and still another is American. So I believe ours is an open and inclusive culture. We'd rather not ask them to follow the Chinese way, but use their gift with an open mind to enrich our culture." (Tao, 2014, S. 63).

Tatsächlich ist diese Bemerkung nicht nur aufschlussreich für den Mythos Huawei, sondern für das Verständnis von China überhaupt. Ren spricht von einer Art *melting pot* bei Huawei, der keineswegs als universalistisches Projekt nach dem Muster des American Dream zu verstehe ist. Der chinesische Traum bezieht sich demgegenüber dezidiert auf das Wiedererstarken der chinesischen Kulturnation im abgrenzenden Miteinander zu anderen Kulturen. Frei nach der Einsicht *Deng Xiaopings* allerdings gilt es, ungeachtet aller Unterschiede von den als fortschrittlich wahrgenommenen westlichen Kulturen für das eigene Fortkommen zu lernen: Es ist nicht so wichtig, ob eine Katze schwarz oder weiß ist, solange sie nur Mäuse fängt. In diesem Sinne verfolgt

Ren Zhengfei eine als *Huidu* – übersetzt: grayness bzw. Schattierung – beschriebenen Firmenphilosophie, deren Ziel es ist, keine Idee schon auf Grund eines ideologischen Schwarz-Weiß-Denkens auszuschließen:

„Any absolute idea – be it black or white – can be very inspiring. But we don't need this. What we need is huidu. Maintaining a proper level of huidu – which means a balance of the grayness between black and white – is difficult, but that is what leaders and mentors should aspire to achieve." (Huang, 2018, pos. 3061).

Allerdings sind Offenheit, Toleranz und Abwägungen gegenüber anderen Denkweisen wesentlich als Leitlinie für das Management der Firma gedacht, dessen Führungsstil selbst jedoch dem traditionell konfuzianischen chinesischen Modell folgt. Es ist demnach genauso die Aufgabe des CEO, die Kultur des Unternehmens unter Bezugnahme des Konzepts von Huidu zu gestalten wie auch die Einhaltung der inneren Balance durch starke Lenkung zu managen (vgl. Huang, 2018, pos. 518 ff.; Plummer, 2018, pos. 1094 ff.). Teil der Unternehmenskultur von Huawei ist es daher einerseits, sich offen gegenüber neuen Ideen zu zeigen und die Loyalität der Angestellten zum Unternehmen durch Teilhabe von Mitarbeiteraktien zu fördern. Andererseits führt Ren Zhengfei aber auch mit starkem Willen die ihm notwendig erscheinenden Maßnahmen wie die Entlassung und selektive Wiedereinstellung von tausenden Mitarbeitern durch. Solche Maßnahmen folgen genauso dem Ziel, die innere Balance und kreative Leistungsfähigkeit des Unternehmens zu fördern, wie viele Jahre hoher Ausgaben für Managementberatungen durch westliche Unternehmen.

Der Erfolg gibt der hiermit verfolgten Strategie des Wachstums bei steter Verbesserung der eigenen Management- und Entwicklungskompetenz recht. 25 Jahre nach seiner Gründung ist Huawei 2012 der weltgrößte Hersteller von Telekommunikationstechnik (The Economist, 2012), und schließt im 2. Quartal 2018 der zweitgrößte Hersteller von Smartphones vor Apple und hinter Samsung auf (Laricchia, 2023). Mit Ausgaben von 15,3 Mrd. US$ für Research und Development liegt Huawei nach eigenen Angaben im selben Jahr auf dem vierten Platz weltweit nach Samsung und damit deutlich vor Apple (Junior, 2019). Der Versprechen von Huawei, so lässt sich angesichts dessen feststellen, hat sich genauso wie der Traum vom neuen China zumindest bereits in Teilen dadurch erfüllt, sich durch Eigenleistung aus der Rolle des Knechts befreit zu haben. Huawei steht damit für ein modernes China, dessen Wirtschaft sich mit eigenen innovativen Marken an die Spitze der globalen Wertschöpfungskette zu stellen vermag.

Mit der Wahl von *Donald Trump* zum amerikanischen Präsidenten und dem beginnenden Handelskrieg mit China hat die nationale Herkunft der

Marke allerdings zusehends gegenüber ihrer Innovationskraft in der internationalen Wahrnehmung an Bedeutung gewonnen. Diesbezüglich kann man sich zunächst vor Augen führen, dass Huawei wie auch der chinesischen Hersteller ZTE schon 2012 in einem Report des House Intelligence Services als Gefahr für die nationale Sicherheit dargestellt werden (vgl. Plummer, 2018, pos. 2254 ff.). Obgleich 2013 ein entlastender Bericht vorliegt, ist es dem Unternehmen in der Folge nicht möglich, Vertriebsverträge mit auch nur einem der 4 relevanten Netzwerkbetreiber der USA zu schließen. Nachdem sich die Situation durch Kooperationen mit *Google* und *Microsoft* ab 2015/16 leicht zu entspannen scheint, verschärft sich die Auseinandersetzung nach der Präsidentschaftswahl beträchtlich. Huawei wird jetzt insbesondere in Bezug auf den anstehenden Aufbau des 5G-Netzwerkstandards für Mobilfunk als Bedrohung der inneren Sicherheit hart angegangen. Außerdem verschlechtert das Image der Marke in der amerikanischen Öffentlichkeit, als *Meng Wanzhou*, Tochter von Ren Zhengfei und CFO des Konzerns, im Dezember 2018 öffentlichkeitswirksam auf Anfrage der USA wegen eines angeblichen Verstoßes gegen das US-Embargo gegen den Iran in Kanada festgenommen wird. In der Folge fällt der Anteil von Huawei Smartphones als hauptsächlich genutztes Smartphone in den USA bis Jahre 2019 auf nur 1 % (vgl. Feldman, 2019). Im Mai 2019 unterzeichnet Trump dann eine unzweideutig auf Huawei gemünzte Executive Order zum Schutz der amerikanischen Telekommunikation, der im August 2019 die ausdrückliche Absage an eine Zusammenarbeit mit Huawei auf allen Ebenen folgt (Wu, 2019). Als Reaktion darauf kündigt neben anderen Unternehmen auch Google die Zusammenarbeit mit Huawei auf (vgl. Weinstein, 2019). Der Hersteller ist damit nicht nur auch außerhalb Chinas von Diensten wie *Gmail* und dem *Google Play Store* ausgeschlossen. Schwerer noch als diese Sanktionsmaßnahme wiegt, dass Huawei hiermit die Weiterentwicklung des auch innerhalb Chinas für seine Smartphones lebenswichtigen Betriebssystems Android in Zusammenarbeit mit Google verwehrt wird. Im August 2020 treffen die US-Sanktionen auch seinen Chip-Zulieferer, der den von Huawei entwickelten Kirin-Prozessor nur mithilfe amerikanischer Technik herstellen kann, die jetzt auch unter den von der amerikanischen Regierung ausgesprochenen Bann fällt.

Durch den Verlust der Lizenz für Googles Betriebssystems und die Gefährdung der Produktion neuer innovativer Produkte wird die Marke von der Rolle des Helden der Geschichte wieder auf den Platz des Underdogs verwiesen. Trotz des hohen Qualitätsstandards und der Kooperation mit namenhaften Marken wie *Porsche* und *Leika* konnte die Marke die weltweite Führerschaft bei den Smartphone-Verkäufen auch nicht über das 2. Quartal

2020 heraus aufrecht halten (Laricchia, 2023). Auch fällt und der Anteil vom Huawei Smartphone-Verkäufen von 20 % weltweit im 2. Quartal auf 8,4 % im 4. Quartal 2020 (ebd.). Hiernach hat es die Marke nicht mehr unter die Top 5 der größten Smartphone-Hersteller weltweit geschafft. Huawei kann im selben Zeitraum aber auch Erfolge sowohl beim Lizenzgeschäft für 4G und 5G Geschäft verzeichnen und macht ebenfalls Fortschritte in der Integration des eigenen Google-Android Alternative *Harmonie OS* im Internet of Things (IoT). Neben Fernsehern und Hausgeräten ist das herausstehende Beispiel dafür die Integration von Huawei Technik in Elektroautos des Herstellers *Seres,* die mit dem *Huawei AITO M5* im Jahre 2023 prämierten. Fortschritte gibt es außerdem auch für Cloud-Dienste und die Umorientierung auf neue Absatzmärkte (ebd.). Seit 2021 hat die Marke Huawei dann eine weitere Entwicklung durchlaufen, in der sie die Marketingstrategie auf langfristiges Wachstum und Markenbildung umstellt und in großem Maße in R&D investiert (Telecom Review, 2022). Trotz Pandemie und US-Sanktionen verzeichnete das Unternehmen damit schließlich eine Rückkehr zu Wachstum, insbesondere in seinem Smartphone-Geschäft, das in den ersten drei Monaten des Jahres 2023 nach der Vorstellung eines selbst entwickelten 5G Chips im Flagship Produkt ein Wachstum von 41 % verzeichnet (vgl. Tomás, 2023).

Kommt man vor diesem im Moment wiederum auf Hegel, kann man sich an dieser Entwicklung auch dessen Annahme vergegenwärtigen, dass die innere Logik historischer Prozesse nicht gradlinig, sondern reflexiv in Vor- und Rückschritten verläuft. Die *List der Vernunft* ist dabei immer erst in der Rückschau erkennbar und besteht oft darin, dass sie sich Erfolg trotz oder gerade wegen gegenläufiger Bestrebungen einstellt. Sanktionen und Embargos könnten sich hiernach kurzfristig nachteilig, auf lange Sicht aber als entscheidende Katalysatoren für neue Innovationen erweisen. Inwieweit dieses auch zukünftig für die technische Weiterentwicklung von Huawei Produkten gilt, lässt sich noch nicht vollends absehen. Dabei weist der Druck, sich nach eigenen Lösungen in der Chip-Herstellung umsehen zu müssen, sowie das kontinuierliche Bestreben, mit dem Betriebssystem *Harmonie* eine Alternative zu Android anbieten zu können, auf das aufziehende Zeitalter einer multipolaren Welt auch im digitalen Bereich (vgl. Plummer, 2018, pos. 14 ff.). Huawei wird hier eine Schlüsselrolle in einer Auseinandersetzung zukommen, die zusehends auch hinsichtlich verschiedener Smartphone OS zur Systemfrage wird. Feststellen lässt sich schließlich, dass die Entwicklung bisher zwar zu einer internationalen Schwächung der Marke beigetragen hat, Huawei aber zusehends die Rolle einer nationalen Ikone zukommt, die umso mehr für die selbst erarbeitete, bewusste Selbstständigkeit Chinas steht.

Literatur

Arthur, C. (1983). *Hegel's master/slave dialectic and a myth of marxology*, in: New left review I/142 November–December 1983.

Body, P. (3. März 2023). Huawei or the highway. https://english.ckgsb.edu.cn/knowledges/huawei-or-the-highway/. Zugegriffen: 22. Mai 2023.

Campbell, J. (1949/2004). *The hero with a thousand faces*. Princeton University Press.

Fan, P. (2006). Catching up through developing innovation capacity: Evidence from China's telecom equipment industry. *Technovation, 26*, 359–368.

Feldman, S. (22. Mai 2019). Almost nobody in the U.S. Has a Huawei smartphone. https://www.statista.com/chart/18106/huawei-smartphone-use/. Zugegriffen: 20. Dez. 2023.

Fowke, E. F. (1973). *Songs of work and protest*. Dover Publications.

Huang, W. (2018). *Dedication: The foundations of Huawei's HR management* (kindle). LID Publishing.

Hegel, G. W. F. (1986). *Werke in 20 Bänden* (1. Aufl.). Suhrkamp. Bd. 7: Grundlinien der Philosophie des Rechts (Originalwerk veröffentlicht 1820).

Huawei Consumer BG. (22. Dezember 2019). Huawei's annual smartphone shipments exceed 200 million units. https://consumer.huawei.com/en/press/news/2018/huawei-annual-smartphone-shipments-exceed-200-million-units/. Zugegriffen: 20. Dez. 2023.

Interbrand. (2023). Best global brands 2023 rankings. https://interbrand.com/best-global-brands/. Zugegriffen: 20. Dez. 2023.

Jacob, J. T., & Hoang, T. A. (2020). ,National Rejuvenation' as Panacea for China's domestic and external challenges. In J. Jacob & Hoang, T. (Hrsg.), *China's search for ,National Rejuvenation'*. Palgrave Macmillan. Zugegriffen: 20. Dez. 2023. https://doi.org/10.1007/978-981-15-2796-8_1.

Junior, J. H. (27. April 2019). Huawei's R&D budget reaches $15.3 billion, Outspends Apple. Huawei Central. https://www.huaweicentral.com/huaweis-rd-budget-reaches-15-3-billion-outspends-apple/. Zugegriffen: 30. Nov. 2023.

Kaufman, A. (2010). The 'century of humiliation', then and now: Changing Chinese perceptions of the international order. *Pacific Focus, 25*(1). https://doi.org/10.1111/j.1976-5118.2010.01039.x.

Laricchia. F. (8. November 2023). Quarterly smartphone market share worldwide by vendor 2009–2023. https://www.statista.com/statistics/271496/global-market-share-held-by-smartphone-vendors-since-4th-quarter-2009/. Zugegriffen: 20. Dez. 2023.

Nylander, J. (2017). *Shenzhen superstars – How China's smartest city is challenging Silicon Valley*. CreateSpace Independent Publishing Platform.

Plummer, W. D. (2018). *Huidu. Inside Huawei*. Kindle Edition.

Tao, T. (2014). *The Huawei story*. SAGE.

Tech.Ifeng.com. (1. Dezember 2013). 任正非:华为名源自中华有为 我们要教外国人怎么念 (Ren Zhengfei: Der Name Huawei hat seinen Ursprung in „Zhonghua Youwei". Wir müssen den Ausländern beibringen, wie man es ausspricht). https://web.archive.org/web/20190603043947/http://tech.ifeng.com/telecom/detail_2013_12/01/31700411_0.shtml. Zugegriffen: 20. Dez. 2023.

Tuan Do. (7. Februar 2023). The real production costs of smartphones. https://www.techwalls.com/production-costs-of-smartphones/. Zugegriffen: 20. Dez. 2023.

Telecom Review. (31. Dezember 2022). Huawei shares detailed approach to reach its 2023 business goals. https://www.telecomreview.com/articles/telecom-vendors/6661-huawei-shares-detailed-approach-to-reach-its-2023-business-goals. Zugegriffen: 30. Nov. 2023.

The Economist. (4. August 2012). Who's Afraid of Huawei? https://www.economist.com/leaders/2012/08/04/whos-afraid-of-huawei. Zugegriffen: 20. Dez. 2023.

Tomás, J. P. (11. August 2023). Huawei returns to growth in H1 2023. *RCR Wireless News.* https://www.rcrwireless.com/20230811/network-infrastructure/huawei-returns-growth-h1-2023. Zugegriffen: 20. Mai 2023.

Weinstein, N. (20. Mai 2019). Google cuts off Huawei phones from future Android updates. https://www.cnet.com/tech/mobile/google-reportedly-cuts-off-huawei-phones-from-future-android-updates/. Zugegriffen: 20. Mai 2023.

Wu, N. (15. Mai 2019). President Trump signs executive order potentially banning Huawei equipment. https://www.usatoday.com/story/news/politics/2019/05/15/trump-signs-executive-order-telecommunications-security-huawei/3685849002/. Zugegriffen: 18 Mai 2023.

4
Barack Obama: Zurück in die Zukunft

Zusammenfassung Politik funktioniert vor allem in den USA nach denselben Maßstäben wie die Vermarktung von Produkten. Ein Politiker vertritt nicht nur einen bestimmten Brand of Politics, sondern inszeniert sich selbst zudem als eine Marke, die sich im Kampf um Wählerstimmen durch bewusstes Branding absetzt. Neben der Positionierung im gegenwärtigen politischen Koordinatensystem kommt dabei dem Blick auf die Geschichte eine besondere Rolle zu. Diesbezüglich ist auffällig, dass nicht erst Donald Trump, sondern schon Barack Obama kommunikative auf einen in der Vergangenheit ansetzenden Weg in die Zukunft setzt.

Der erfolgreichste Kinofilm des Jahres 1985 kreist um das Problem, dass eine jede Reise in die Vergangenheit die auf sie folgenden, dann wieder in der Zukunft liegenden Ereignisse verändern würde. So wie sich der von *Michael J. Fox* in seiner Glanzrolle gespielte Zeitreisende *Marty McFly* in *Robert Zemeckis* Komödie *Back to the Future* (1985) selbst in die Quere kommt, indem er die Beziehung seiner Eltern noch vor dem Moment seiner eigenen Zeugung sabotiert, sind Zeitreisen immer mit Risiken für die sich in die Vergangenheit begebenden Personen verbunden. Sofern sie nicht gänzlich die Rahmenbedingungen der eigenen Existenz zerstören, wird die von ihnen beeinflusste Zukunft mehr oder weniger stark von der bisherigen Erinnerung an die eigene Vergangenheit abweichen. Mit etwas Glück noch findet sich der Zeitreisende wie seinerzeit Marty in einer verbesserten Version der Gegenwart wieder; allerdings nur um festzustellen, dass diese selbst wieder nur die Vergangenheit einer nicht perfekten Zukunft ist. Angesichts dessen ist der Zeitreisende andauernd dazu verdammt, die Zeitenläufe wieder zurechtzurücken, was sich im Falle des *Back to the Future-Franchise* als ein lukratives Unterfangen erwiesen hat.

So intellektuell herausfordernd und unterhaltsam unsere Vorstellungen über Zeitreisende auch sein mögen, wird es dennoch wohl bei bloßem Stoff für Hollywoodstreifen bleiben. Noch nie sind in der Gegenwart Touristen aus der Zukunft vorstellig geworden. Daher scheint die Arbeitshypothese erlaubt zu sein, dass zumindest der Weg zurück auf der Zeitleiste auch künftigen Generationen weiterhin nicht zugänglich sein wird. Allerdings bedeutet das nicht, dass sich vergangene Ereignisse nicht doch in einer für die Zukunft relevanten Weise verändern ließen. Wir kennen die Vergangenheit allein durch die Brille subjektiver Erinnerungen und anhand von Akzentuierungen in der Geschichtsschreibung und weiterer Faktoren des öffentlichen Bewusstseins, die unter dem weiten Begriff des *Zeitgeistes* zusammengefasst werden können. In diesem Sinne ist die Historie etwa nach *Ernst Cassirer* als eine symbolische Form zu verstehen, die genauso wie etwa die Religion oder die moderne Wissenschaft für die bedeutungsvolle Verortung des Menschen in seiner Welt verantwortlich ist (vgl. Cassirer, 1923/2003). Geschichte ist demnach in der Gegenwart bedeutsam und der gegenwärtige Blick auf die Vergangenheit ist immer auch an die Bedingungen der Gegenwart gebunden:

> "Historical knowledge is the answer to definite questions. An answer which must be given by the past; but the questions themselves are put and dictated by the present–by our present intellectual interests and our present moral and social needs." (Cassirer, 1944/1967, S. 178).

Nach diesem Verständnis hat jede Gegenwart eine spezifische, für sie bedeutsame Lesart der Vergangenheit, von der ausgehend sich dann wiederum die Linien mit dem Blick auf die Zukunft verlängern. Bezeichnend für die von Marty McFly besuchte Welt der Vergangenheit von 1955 und der Zukunft von 2015 ist demnach vor allem, dass sich in diesen Welten die Linien von Geschichtsbild und Zukunftsvision aus der Perspektive der 1980er Jahre kreuzen.

Diesem Zusammenhang zwischen gegenwärtigen Erwartungen an die Zukunft und unserer Perspektive auf die Vergangenheit widmet sich auch Friedrich Nietzsche 1874 in seinen Überlegungen *Vom Nutzen und Nachtheil der Historie für das Leben* (Nietzsche, KSA 1, S. 243 ff.). Dabei geht es ihm um mehr noch als die bloße Beobachtung, dass wir die Geschichte nur durch die Brille der Gegenwart kennen. In diesem zweiten Stück der *Unzeitgemäßen Betrachtungen* spricht er sich dafür aus, die Historie in einer für die Zukunft dienlichen Weise kreativ umzudeuten. Im starken Gegensatz zu Cassirers Vorsicht gegenüber einer Fabrikation mythischer Großerzählungen (vgl. Cassirer, 1944/1967, S. 179), soll die Geschichte nach Nietzsches Verständnis als Mythos für die in die Zukunft fortschreitende Gegenwart fruchtbar gemacht werden. Auf dem Weg zu dieser Einsicht differenziert er in seinen Analysen neben der *kritischen* Geschichtswissenschaft zwischen den Perspektiven einer *monumentalen* und einer *antiquarischen* Historiografie. Bei dieser Unterscheidung befasst sich der monumentale Geschichtsschreiber mit glorreichen Epochen und berühmten historischen Figuren, was den Rezipienten dazu anhalten soll, selbst ähnliche Taten zu vollbringen:

„Er entnimmt daraus, dass das Grosse, das einmal da war, jedenfalls einmal möglich war und deshalb auch wohl wieder einmal möglich sein wird; er geht muthiger seinen Gang, denn jetzt ist der Zweifel, der ihn in schwächeren Stunden anfällt, ob er nicht vielleicht das Unmögliche wolle, aus dem Felde geschlagene." (Nietzsche, KSA 1, S. 265).

Demgegenüber betont der antiquarische Blick auf die Historie die Kraft der Gemeinschaft in einer Rückwendung auf die Beschaulichkeit vergangener Zeiten:

„Hier liess es sich leben, sagt er sich, denn es lässt sich leben, hier wird es sich leben lassen, denn wir sind zäh und nicht über Nacht umzubrechen. So blickt er, mit diesem ‚Wir', über das vergängliche wunderliche Einzelleben hinweg und fühlt sich selbst als den Haus-, Geschlechts- und Stadtgeist." (Ebd.).

Nietzsche beschreibt beide Modi vor dem Hintergrund einer vermeintlichen Krise der Gesellschaft und ihrer das Vergangene bloß verwaltenden Zugangs zur Geschichte. Er schlägt als Heilung von dieser „historischen Krankheit" (ebd., S. 332) seiner Zeit eine vor allem die Jugend affizierende künstlerische Neuinterpretation der Geschichte vor. Es ist demnach eine Aufgabe an die schöpferische Kraft des Menschen, ein Bild der Geschichte in der Weise zu formen, dass es für das Fortschreiten in die Zukunft dienlich ist.

Es bedarf fast keiner weiteren Erklärung, dass ein in die Zukunft blickende Rückbezug auf die Geschichte insbesondere im politischen Geschehen westlicher Demokratien von erheblicher Bedeutung ist. Weder Staaten noch einzelne Parteien oder Politiker kommen ohne eine für sie bedeutungsvolle Version der Geschichte aus, auf das sie ihr jeweiliges Konzept der richtigen Politik beziehen. Es ist auch nicht erst seit jüngster Zeit der Fall, dass diese Konzepte und mit ihnen die jeweiligen Politiker im Kampf um Mehrheiten selbst zu Marken werden. Ein bestimmter *brand of politics* ist zumindest im anglo-amerikanischen Raum allgegenwärtig. Dieses nicht erst seit John

F. Kennedy, New Labour oder dem ersten Wahlkampf von Richard Nixon der Fall, dem *Joe McGinnis* mit *The Selling of the President 1968* (McGinnis, 1969) grundlegende Überlegungen zum politischen Marketing widmet. Wer sich noch an den Lateinunterricht oder Asterix-Comic und die Worte *ceterum censeo Carthaginem esse delendam* (vgl. Kudla, 2007, S. 204) erinnert, der hat eine Idee davon, dass Politik immer schon mit symbolischen Verkürzungen von Positionen und der Überzeichnung von Personen einhergegangen ist. Dieser Slogan hat nicht nur mittelbar zur Durchsetzung des politischen Ziels der Zerstörung Karthagos beigetragen; auch hat die rhetorische Figur des *Ceterum Censeo* Cato dem Älteren (234–149 v. Chr.) zu einer die Jahrhunderte überdauernden Autorität verholfen. Leicht könnte man sich Wahlplakate mit einer an die Gegenwart angepassten Version dieses Slogans vorstellen, auf denen sich Cato mit der hohen Stirn des römischen Aristokraten als prinzipientreuer und durchsetzungsstarker Kandidat einer Partei empfiehlt.

Dabei ist Catos Markenzeichen der ständigen Wiederholung einer eingängigen Phrase ein immer noch so wirksames Mittel wie zu vorchristlicher Zeit. Dieses Muster zeigt sich heute nicht nur, aber in besonderer Weise bei den sogenannten populistischen Kräften in der Politik. Offenkundig konnte eine politische Kampagne wie der *Brexit* nur dadurch erfolgreich verfangen, dass die Botschaft glaubhaft auf fünf, eigentlich drei, bei jeder Gelegenheit wiederholbare Worte reduziert werden konnte: „Vote leave, take back control" ist der Slogan der parteiunabhängigen Vote Leave Campaign Organization, die während des Brexit-Votums für den Austritt aus der EU warb (Vote Leave Campaign Organization, 2015). In der Abbreviation „take back control" verdichtet sich alles, was heute falsch läuft, mit der simplen Feststellung, dass die eigene Bevölkerung in einer zu einem umfassenden *Damals* verklärten Vergangenheit noch die Kontrolle in den Händen hielt. In diesem Sinne speist sich die Stärke dieses Slogans vor allem aus seiner relativen Unbestimmtheit. Wann, wo und wie genau die Fäden entglitten sind, lässt sich flexibel auf das individuelle Koordinatensystem aus Gegenwartsverdrossenheit und Vergangenheitsbeschönigung anpassen.

Gezielter noch als die in den EU-Ausstieg taumelnden Tories hat sich allerdings die amerikanische Politik in der jüngeren Geschichte für einen Weg zurück in die Zukunft entschieden. Man kann sagen, dass sich sowohl *Donald Trump* als auch schon *Barack Obama* dabei Friedrich Nietzsche als Lehrmeister auserwählt haben. Nietzsche hat zwar keine genaue Anleitung für die künstlerische Hinwendung zur Geschichte gegeben; mit der eben vorgestellten Dichotomie von monumentaler und antiquarischer Historie weist er aber auf ein progressives und ein konservatives Gravitationszentrum hin, in deren Orbit sich die mythische Verklärung der eigenen Geschichte überhaupt bewegen kann. Von der Schwerkraft des Traditionalismus affiziert fragt sich das mythische Bewusstsein, wie sich die einstige Größe der Vergangenheit wiederherstellen ließe. Von der Anziehung fortschrittlicher Kräfte beeinflusst dominiert hingegen die Frage, ob sich die Heldentaten der Vergangenheit nicht noch einmal vollbringen ließen. So gesehen folgt nicht erst Donald Trumps Kampagne aus dem Jahre 2016, die die Größe der Vergangenheit mit dem von *Ronald Reagan* geborgten Slogan „Make America Great again" beschwört, sondern schon Barack Obamas ungleich elaboriertere Kampagne von 2008 dem Motiv einer Geburt der Zukunft aus dem Geiste der Vergangenheit.

Der mit dieser Kampagne verbundene, eingängige Slogan „Yes we can!" enthält noch keine starken historischen Implikationen, als Obama ihn das erste Mal 2004 in einem Spot für seine Kandidatur als Senator von Illinois benutzt. In diesem 30 s-Spot zählt er seine und die Erfolge seiner Partei in der Kommunalpolitik im kontradiktorischen Stil eines „sie-haben-gesagt-es-sei-unmöglich-aber-wir-haben-es-trotzdem-geschafft" auf. Die Aneinanderreihung endet mit der Feststellung, die apostrophierten *Anderen* würden *jetzt* behaupten, man könne Washington nicht ändern. Einer oft wiedergegebenen Anekdote zufolge soll Obama sein enthusiastisches „Yes we can!" als Antwort auf diese Stagnation zuerst als „too corny" – etwas zu platt – empfunden haben (vgl. Axelrodt, 2015, S. 142). Das Festhalten daran ist demnach einzig seiner Frau Michelle zu verdanken, was zum Bild vom ernsthaften und hochgebildeten Barack Obama passt, der eigentlich zu kultiviert für ein professionelles Branding ist, das notwendig mit eingängigen Slogans und Vereinfachungen komplexer Zusammenhänge einhergeht – und es passt zum Bild von *Michelle Obama,* die hier wie andernorts als die kluge Partnerin mit etwas mehr Realitätssinn als ihr leicht zu intellektueller Abgehobenheit neigender Mann auftritt.

Für die Marke Obama ist es genauso essenziell wie für jede anderen Brand auch, dass das Artifizielle hinter dem Eindruck von Authentizität zurücktritt. Obwohl oder besser: weil es sich hierbei wohl um das kompromissloseste Branding eines Präsidenten bis dato handelt (vgl. Zavattaro, 2010), sollen die für eine Marke notwendigen Verkürzungen und Überzeichnungen hinter der als authentisch dargestellten öffentlichen Person Obama zurücktreten. Tatsächlich aber ist es eine dieser Vereinfachungen, die schon dem Werbespot für den Senatssitz in Illinois den Hauch des Historischen verleiht. So spricht Obama in den ersten fünf Sekunden seiner Werbebotschaft gar nicht von Politik, sondern davon, dass er 1990 als junger Jurist die Leitung der *Harvard Law Review* deshalb übernommen habe, weil noch nie ein Afroamerikaner an deren Spitze stand: „They said, an African American has never led the Harvard Law Review, that's why I changed that." (Obama for Senate, 2004).

Diese Aussage ist für Obamas *brand of politics* genauso unerlässlich, wie sie bei genauerer Betrachtung erstaunen muss. Erstaunlich ist, dass vor allem historische Gerechtigkeit für Afroamerikaner und nicht etwa berufliche Ambitionen und Meriten der Grund für die Übernahme dieser ehrenvollen Aufgabe gewesen sein sollen. Gleichzeitig fällt auf, dass dieses erste Statement nicht kontradiktorisch formuliert worden ist, obwohl eine solche Wortwahl viel besser in den Rhythmus des Spots gepasst hätte. Obama sagt also gerade nicht: „Sie haben gesagt, ein African American könne die Harvard Law Review nicht leiten", sondern macht das faktische Statement, dass diese Stellenbesetzung vor ihm noch keinem Afroamerikaner gelungen ist. Der Grund für diese schwächere Formulierung ist wahrscheinlich, dass es im Gegensatz zu vielen anderen Einrichtungen in den USA in der Elite der amerikanischen Juristen Anfang der 1990er Jahre kein gängiges Vorurteil bezüglich der Unmöglichkeit eines Afroamerikaners in dieser Position gibt. Im Kontext der folgenden Aussagen über die Widerlegung von Vorurteilen legt das Eingangsstatement eben diese Vermutung allerdings nahe. Der Spot suggeriert damit eine Version der Vergangenheit, die sich besser in die Botschaft einfügt, weil der Kandidat auf seiner Heldenreise alle bis dato für Afroamerikaner bestehenden institutionellen Hürden zu überwinden bereit war.

An dieser Reise lässt der gerade erst gewählte Senator von Illinois die breite amerikanischen Öffentlichkeit bereits im Juli 2004 teilhaben. So hebt seine Keynote bei der Nationalversammlung der Demokratischen Partei mit der Bemerkung an, dass der Auftritt des Sohnes eines kenianischen Einwanderers auf dieser Bühne doch wohl sehr unwahrscheinlich sei: „Let's face it, my presence on this stage is pretty unlikely." (Reid, 2017, S. 6). Dieses für Obama typische, humorvolle Eingangsstatement wirkt als selbstironischer Eisbrecher, der das Thema der gesamten Rede setzt. Die Stärke der darauffolgenden Ausführungen besteht dann darin, diesen eigenen Erfolg als ein Beispiel für das fortschreitende Gelingen des amerikanischen Projekts zu verstehen. Nach wohl gesetzten Worten zu individuellen Chancen, der Einheit der Nation jenseits der Parteigrenzen, eigenen Erfahrungen in Begegnungen mit der Bevölkerung und wiederholten Referenzen an den Präsidentschaftskandidaten *John Kerry* spitzt Obama seine Rede schließlich auf Hoffnung als Leitmotiv des Glaubens an diesen Fortschritt zu:

> "It's the hope of slaves sitting around a fire singing freedom songs; the hope of immigrants setting out for distant shores; the hope of a young naval lieutenant bravely patrolling the Mekong Delta; the hope of a millworker's son who dares

to defy the odds; the hope of a skinny kid with a funny name who believes that America has a place for him, too." (Barack Obama, zitiert nach Dionne & Reid, 2017, S. 12).

Mit diesem zweiten humorvollen Selbstkommentar, mit dem Obama den Bogen zurück zum Eingangsstatement schlägt, zeigt er sich vordergründig demütig gegenüber dieser einmaligen Nation. Nur in Amerika konnte dieser jetzt nicht mehr ganz so kleine schlaksige Junge mit dem komischen Namen seinen Platz im Leben finden. Nicht *nur* von Demut zeugt im selben Moment allerdings, anlässlich des Inaugurationsparteitags eines anderen Kandidaten vor einem nationalen Publikum *en passant* die Frage danach ins Spiel zu bringen, ob Hoffnung und Fortschritt den Redner selbst noch an die Spitze des Staates tragen werden. Immerhin hat Obama es zum Senator von Illinois und Hauptsprecher auf dem Parteitag der Demokraten geschafft. Das hiermit vollzogenen Kunststück besteht nicht allein darin, dass er sich damit erfolgreich als der zukünftige Hoffnungsträger der Partei in Stellung bringt, ohne zu ambitioniert zu erscheinen. Es besteht auch darin, in dem Kurzschluss von Historie und Biografie die eigenen Aspirationen erfolgreich zur Hoffnung des ganzen Landes zu stilisieren.

In der der Gestaltung des Corporate Designs für den Wahlkampf für die Präsidentschaft 2008 verdichtete sich dann dieses Motiv, indem Obama mit den Schlagworten „Hope" und „Change" zur Teilhabe an dieser Heldenreise auffordert. Das Logo hebt sich bereits dadurch von allem Dagewesenen ab, dass es mehr an das Signet eines Unternehmens als an das eines amerikanischen Wahlkämpfers erinnert (vgl. Arnon, 2017). Viel zu „corporate" wie Obama selbst bemerkt haben soll (Axelrodt, 2015, S. 209); vielleicht auch um davon abzulenken, wie professionell er die Frage des eigenen Brandings angegangen ist. Ikonografisch erinnert die Bildmarke zunächst an eine ganze Reihe von generischen Logos, in denen landwirtschaftliche Nutzflächen und blauer Himmel in einer Art und Weise in einem Kreis angeordnet sind, dass die Wege oder Ackerspuren vom Vordergrund bis an die Horizontlinie führen. Leicht kann man sich diese Art von Logo auf dem Baseball-Cap eines Farmers in Illinois vorstellen, was auch Obamas Branding einen gewissen Grad an Bodenständigkeit verleiht. Indem der Kreis gleichermaßen für Himmel und aufgehende Sonne sowie für den Namen Obama steht, die rotweißen Streifen sowohl die amerikanische Flagge als auch Ackerfurchen und in ihrem dynamischen Schwung von links nach rechts den Weg nach vorne symbolisieren, ist dieses Logo ein Beispiel für die Verdichtung von mehreren Bedeutungsebenen in einem einfachen Zeichen (Lidwell et al., 2003, S. 190 f.). Es sei dahingestellt, ob sich mit Blick darauf eine bestimmte *proposition density* (ebd., S. 191) dieses Logos ermitteln lässt, die sinnvoll

Auskunft über den Erfolg eines Logos geben kann. Zutreffend ist allerdings, dass es nicht nur als Logo für diesen Wahlkampf, sondern auch als authentisches Symbol für den gesellschaftlichen Aufbruch in der Popkultur aufgenommen wird.

Einen nicht geringen Anteil daran hat eine Werkserie des Streetart-Künstlers *Shepard Fairey*, der sich bereits seit der Parteitagsrede 2004 für Obamas politischen Werdegang interessiert. In den 2008 entstandenen Werken macht sich Fairey einen Rückgriff auf die Geschichte zunutze, indem er seine Kunstwerke „Obama Hope", „Obama Change" und „Obey Progress" nach dem Vorbild sozialistischer Revolutionsplakate gestaltet (Fairey, 2009, S. 270 ff.). Außerdem erinnert der in dem Portrait mit leichter Untersicht nach oben blickende Obama an ikonische Aufnahmen von *Ché Guevara* oder *Martin Luther King*. Obama, so die Botschaft dieser Plakatserie, kann mit seiner Politik an den gesellschaftlichen Aufbruch der 1960er Jahre in den Vereinigten Staaten anknüpfen. Bemerkenswert bei den 3000 von Fairey selbst ohne Auftrag des Wahlkampfbüros Anfang 2008 im öffentlichen Raum angebrachten Plakaten ist, dass diese im Unterschied zu der in kürzester Zeit ausverkauften Auflage von 350 Postern in seinem Onlineshop das unveränderte Logo der Obama-Kampagne tragen. Das Zeichen wird damit ein Stück weit aus dem Kontext des Wahlkampfs herausgelöst und durch die buchstäbliche *street credibility* des Künstlers zu einem authentischen Symbol einer an den progressiven Geist der 1960er Jahre anknüpfenden Bürgerbewegung links der Mitte. Das hiermit entstehende Bild von Obama als hoffnungsvoller Erneuerer mit revolutionärem Anspruch trägt auch noch eine ganze Weile nach seiner Wahl zum Präsidenten, woran auch die aufbereitete Version des Hope-Plakats einen Anteil hat, das Ende 2008 auf dem Cover des *TIME Magazine* erscheint, das den frisch gewählten Präsidenten zum Mann des Jahres kürt (vgl. Stengel, 2008).

Künstlerischen Rückenwind erfährt Obama allerdings nicht nur durch diese kongeniale Zuarbeit von Shepart Fairey, sondern mit noch viel größerer Reichweite durch den Popsong „Yes we can", der im Februar 2008 veröffentlich wird (will.i.am., 2008). Auch hier handelt es sich nicht um eine mit der Wahlkampagne abgestimmte Veröffentlichung, sondern um eine in Zusammenarbeit mit vielen bekannten Stars der Unterhaltungsbranche erstellte Eigenproduktion des Künstlers *William James Adams Jr.*, bekannt unter dem Künstlernamen *will.i.am*. Bemerkenswert ist nicht nur der einzigartige Umstand, dass sowohl die Worte einer Siegesrede als auch der Slogan eines noch laufenden Vorwahlkampfs in einer eigenständigen und durchaus beliebten Pop-Hymne verarbeitet werden. Außerdem ist es bemerkenswert, dass Obama diese für den Fall des Sieges vorbereitete Rede trotz der Niederlage gegen *Hillary Clinton* bei den Vorwahlen in New Hampshire hält. Dieser Umstand lässt die von Popkünstlern der liberalen Elite beschworene historische Mission noch dringlicher erscheinen, die Obama als Fortsetzung der Erzählung von Amerika als das gelobte Land versteht:

> „It was a creed written into the founding documents that declared the destiny of a nation. Yes we can. It was whispered by slaves and abolitionists as they blazed a trail towards freedom through the darkest of nights. Yes we can. It was sung by immigrants as they struck out from distant shores and pioneers who pushed westward against an unforgiving wilderness. Yes we can. It was the call of workers who organized; women who reached for the ballot; a President who chose the moon as our new frontier; and a King who took us to the mountaintop and pointed the way to the Promised Land. Yes we can to justice and equality. Yes we can to opportunity and prosperity. Yes we can heal this nation. Yes we can repair this world. Yes we can." (Barack Obama, zitiert nach Dionne & Reid, 2017, S. 49).

Die hierin zutage tretende Karriere des zuerst als zu aufdringlich empfunden Slogans *Yes we can!* aus einer eher gewöhnlichen Wahlwerbung zum amerikanischsten aller Glaubensbekenntnisse spiegelt sich auch dem Pathos wider, mit dem Obama den missionarischen Auftrag seiner Kampagne durch Bezugnahmen auf *Abraham Lincoln* unterstreicht. Schon 2004 stellt er sich auf dem Parteitag als der Senator aus Illinois, dem „Land of Lincoln", vor und verkündet seine angestrebte Kandidatur für die Präsidentschaftswahlkampf bei widrigem Wetter auf dem Marktplatz in Lincolns Heimatstadt Springfield. Als gewählter Präsident tritt er genauso wie sein Vorgänger aus Illinois seine Reise per Zug nach Washington an – und schwört seinen Amtseid schließlich auf die Bibel Abraham Lincolns.

Im Aufbau der politischen Marke Obama, so lässt sich mit Blick auf seinen Weg ins Weiße Haus feststellen, wurden erfolgreich alle guten Geister aus Amerikas Geschichte beschworen und der junge Präsident schon bei Amtsantritt zur mythischen Heldenfigur verklärt. Nichts illustriert diesen durchschlagenden Erfolg besser als die Nominierung für den Friedensnobelpreis innerhalb der ersten zwei Wochen der Amtszeit, der Obama im September zuerkannt wird und den er dann im Dezember 2009 im Empfang nimmt. Dieser in der Begründung des Komitees für Obamas *Vision einer besseren Welt* (The Nobel Foundation, 2009) und damit auf den Kredit noch zu vollbringender Taten verliehene Preis zeigt vor allem die Fallhöhe, von der aus Obama seine Präsidentschaft beginnt. Tatsächlich aber ist schon zum Zeitpunkt der Entgegennahme dieser höchsten Auszeichnung für gesellschaftliches Engagement zweifelhaft, ob die globale Euphorie über seine Wahl auch eine historische Präsidentschaft nach sich ziehen wird.

Wie man die Jahre der Obama-Administration im Nachhinein auch bewerten mag, bleibt doch die Einsicht, dass das politische Tagesgeschäft den beschworenen Mythen der Vergangenheit nicht gerecht werden *kann*. Sicherlich lässt sich ein solcher Gegensatz zwischen Erzählung und Lebenswirklichkeit bei jeder Marke feststellen. Bestimmt ist auch der Hinweis angebracht, dass es im amerikanischen Wahlkampf immer ein bisschen vollmundiger und die Person viel mehr im Mittelpunkt steht als beispielsweise in Europa. Allerdings hat Obama nicht nur die Professionalisierung des politischen Branding, sondern auch eine geradezu messianische Erwartung an das Amt vorangetrieben.

An diese Voraussetzungen konnte ein Nachfolger anknüpfen, der ebenfalls als politischer Außenseiter durch seine Version eines historisch verbürgten besseren Amerikas ins Amt gelangt. Der Rückbezug auf die emanzipatorischen Bewegungen als Ressource für einen erfolgreichen Wahlkampf hat sich mit dem Ende der Ära Obama zwar wohl vorläufig erschöpft. Der mythologisierende Blick auf vermeintlich bessere Zeiten scheint im selben Moment allerdings gerade erst richtig an Fahrt zu gewinnen. „Yes we can… make America great again" lässt sich Obamas Slogan denn auch zumindest grammatikalisch korrekt fortschreiben, womit *Jordi* Graupera (2016) kritisch auf Parallelen zwischen Obama und Trump hinweist. Dieser Lesart folgend ist Donald Trumps Branding als Umschwung von einer *monumentalen* Historie hin zu einer *antiquarischen* Version der Geschichte zu verstehen, die ihre Stärke aus dem Ressentiment des *Wir* gegenüber den *anderen* schöpft. In diesem Kontext ist eine Parallele zwischen Barack Obama und Marty McFly nicht ganz abwegig, der in der Fortsetzung *Back to the Future Part II* (Zemeckis, 1989) den Missbrauch der Zeitmaschine durch seinen Erzfeind *Biff Tannen* erleben muss. An dieser wahrscheinlich von Donald Trump inspirierten Figur (Collins, 2017) zeigt sich, dass die Technik der Zeitreise, sofern sie in die falschen Hände gerät, zu schlimmen Konsequenzen führen kann. Diese Aussage gilt auch für die Technik, einen politischen Mythos herzustellen, der sich sowohl Barack Obama 2008 als auch Donald Trump 2016 bedienen.

Unter dem Eindruck der Verheerungen der Nationalsozialismus lehnt Ernst Cassirer diesen verfertigten politischen Mythos als eine böse Technik *sui generis* ab, die ihm als ein einzig in totalitären Staaten probates Mittel zur Verführung und Lähmung der Massen gilt (Cassirer, 1946/2009, S. 281 ff.).

Cassirer differenziert in seiner Argumentation zwischen den naturwüchsigen Mythen der Vergangenheit und dem technisch verfertigten politischen Mythos des 20. Jahrhunderts:

> „Myth has always been described as the result of an unconscious activity and as a free product of imagination. But here we find myth made according to plan. The new political myths do not grow up freely; they are not wild fruits of an exuberant imagination." (Cassirer, 1946/2009, S. 277).

Diese Ausführungen verdeutlichen auch, was genau er unter dem an anderer Stelle schon erwähnten Begriff der *unconscious fiction* (Cassirer, 1944/1967, S. 74) zu verstehen ist, der den Mythen der Vergangenheit Geltung verleiht. Ihm liegt die Annahme zugrunde, dass traditionelle Mythen nicht auf die Zwecksetzungen einer bestimmten Person, Partei oder Marke zurückführbar sind, sondern sich in einer dem Einzelnen unbewussten Aktivität des allgemeinen Bewusstseins über Generationen hinweg entwickelt haben. Indem die Individuen jeweils in ihrer eigenen Zeit stehen, können sie sich der menschlichen Fantasie als Ursprung des schon lange vor seiner Zeit entstandenen Mythos und den mit ihm verbundenen Riten nicht ohne Weiteres bewusstwerden. Das an den Mythos glaubende Individuum verhält sich und empfindet der mythischen Erzählung gegenüber vielmehr so, als handele es sich dabei um eine immer schon geltende Wahrheit. Demgegenüber haben die neu erschaffenen politischen Mythen des 20. Jahrhunderts weder eine lange Tradition, noch sind sie ihrer Genese nach frei von bestimmten Zwecken. Ganz im Gegenteil handelt es sich um die Produkte einer zweckrationalen Technik, die als eine Waffe im Kampf um die Köpfe einsetzbar ist: „Henceforth myths can be manufactured in the same sense and according to the same methods as any other modern weapon – as machine guns or airplanes." (Cassirer, 1946/2009, S. 277).

Angesichts der enormen Durchschlagskraft der faschistischen Propaganda sieht Cassirer wenig Chancen dafür, mythisches Denken *in situ* mit Argumenten zu widerlegen – sobald ein Mythos einmal emotional verankert ist, wird er geradezu immun gegen rationale Einwände (ebd.). Die Wissenschaft muss daher schon früher ansetzen und den politischen Mythos untersuchen, um ihn durch die Aufklärung über seine Struktur schon an seinen Anfängen bekämpfen zu können:

> „We should carefully study the origin, the structure, the methods, and the technique of the political myths. We should see the adversary face to face in order to know how to combat him." (Cassirer, 1946/2009, S. 291).

Bedenkenswert ist, dass er bei der Beschreibung des durch die Nationalsozialisten verfertigten Mythos diejenigen Merkmale geltend macht, die wir bereits in der Auseinandersetzung mit den Mythen von Marken kennengelernt haben. Auch hier geht es um die Identifikation mit Symbolen und dazugehörigen Erzählungen, die die Menschen auf emotionale Weise ansprechen. Der Erkenntnis Cassirers, dass die mythisch eingefärbten Wortneuschöpfungen in den Kundgebungen der Nationalsozialisten von Meistern der politischen Propaganda geschaffen wurden (ebd., S. 280), ist schließlich hinzuzufügen, dass dieselbe Meisterschaft auch auf viele Designer, Künstler, Architekten, Veranstaltungsorganisatoren, Filmemacher und viele andere daran Beteiligte zutrifft.

Es muss zunächst verharmlosend klingen, die Professionalisierung moderner Begriffe wie Branding, Corporate Design, Corporate Architecture, Corporate Behaviour, Eventplanning oder gar Corporate Culture für die Selbstdarstellung der Nationalsozialisten anzuwenden (vgl. Koop, 2012). Umgekehrt ist der Hinweis auf die strukturelle Gleichheit der Gestaltungsmittel in Nazidiktatur und Marktwirtschaft wichtig, um die mit den Möglichkeiten ganzheitlicher Markenbildung einhergehenden Gefahren ihrerseits nicht zu verharmlosen. Diese Einschätzung gilt umso mehr, weil Cassirers Hoffnung auf eine völlige Überwindung des politischen Mythos unerfüllt blieb. Angesichts politischer Kampagnen mit guten Intentionen und der Aufgabe, viele Menschen für politische Ziele zu begeistern, ist es überdies fragwürdig, ob die technische Verfertigung des modernen politischen Mythos Grund genug ist, ihn im politischen Geschehen grundsätzlich abzulehnen. Aus dieser Perspektive könnte man mit *Herfried Mückler* darin übereinstimmen, dass gerade ein hoher Grad an politischer Partizipation auch einen hohen Anspruch an das Vorhandensein von mythischen Großerzählungen stellt (vgl. Münckler, 2010, S. 490). Trotzdem geben die jüngsten Entwicklungen Anlass zur Sorge und lassen die Verantwortung bewusstwerden, die über die politische Botschaft hinausgehend auch für die Techniken ihrer Vermittlung besteht.

Literatur

Arnon, B. (2017). Politics meets brand design: The story of Obama's campaign logo. https://www.huffpost.com/entry/politics-meets-brand-desi_b_151317. Zugegriffen: 20. Dez. 2023.

Axelrod, D. (2015). *Believer: My forty years in politics*. Penguin.

Cassirer, E. (2003). *Aufsätze und kleine Schriften (1922–1926)*. Meiner Verlag (ECW 16), darin: Der Begriff der symbolischen Form im Aufbau der Geisteswissenschaften (Originalwerk veröffentlicht 1923).

Cassirer, E. (1967). An Essay on Man: An Introduction to a Philosophy of Human Culture. New Haven, CT: Yale University Press. (Originalwerk veröffentlicht 1944).

Cassirer, E. (2009). *Gesammelte Werke*, hrsg. von Birgit Recki. Bd. 25 (ECW 25). Hamburg: Meiner Verlag. Darin: The Myth of the State. (Originalwerk veröffentlicht 1946).

Collins, B. (2015/2017). ,Back to the future' writer: Biff Tannen Is based on Donald Trump. https://www.thedailybeast.com/back-to-the-future-writer-biff-tannen-is-based-on-donald-trump. Zugegriffen: 20. Dez. 2023.

Dionne, E. J., Jr., & Reid, J.-A. (Hrsg.). (2017). We are the change we seek: The speeches of Barack Obama. Bloomsbury USA.

Fairey, S. (2009). *Supply and demand: The works of Shepard Fairey*. Ginko Press Inc.

Gehlen, A. (1993). *Der Mensch. Seine Natur und seine Stellung in der Welt*. In ders. Gesamtausgabe, Bd. 3.1, herausgegeben von K.-S. Rehberg.. Vittorio Klostermann (Originalwerk veröffentlicht 1950).

Graupera, J. (2016). ,Yes, we can make America great again'. https://www.ara.cat/opinio/Jordi-Graupera-yes-we-can-make-America-great-again_0_1711028915.html. Zugegriffen: 20. Dez. 2023.

Kudla, H. (2007). *Lexikon der lateinischen Zitate*. C.H. Beck.

Koop, A. (2012). *NSCI- Das visuelle Erscheinungsbild der Nationalsozialisten 1920–1945*. Verlag Hermann Schmidt.

Lidwell, J., Holden, K., & Butler, W. (2003). *Universal principles of design*. Rockport Publishers.

McGinnis, J. (1969). *The selling of the president 1968*. Trident Press (Simon & Schuster).

Münkler, H. (2010). *Die Deutschen und ihre Mythen*. Rowohlt Verlag.

Obama for Senate. (2004). Ad „Yes We Can". https://www.youtube.com/watch?v=wqrm1_X-DsQ. Zugegriffen: 20. Dez. 2023.

Stengel, R. (2008). Person of the year 2008: Why we chose Obama. http://content.time.com/time/specials/packages/article/0,28804,1861543_1865068_1867014,00.html. Zugegriffen: 20. Dez. 2023.

The Nobel Foundation. (2009). The Nobel Peace Prize for 2009. https://www.nobelprize.org/prizes/peace/2009/press-release/. Zugegriffen: 20. Dez. 2023.

Vote Leave Campaign Organization. (2015). Why vote leave. http://www.voteleavetakecontrol.org/. Zugegriffen: 10. Jan. 2024.

will.i.am (2008). *Yes we can*. Will.i.am Music Group.

Zavattaro, S. (2010). Brand Obama: The implications of a branded president. *Administrative Theory & Praxis., 32*, 123–128. https://doi.org/10.2753/ATP1084-1806320108

Zemeckis, R. (1985). *Back to the future*. Universal Pictures.

Zemeckis, R. (1989). *Back to the future Part II*. Universal Pictures.

5

Fridays For Future: Eigentliche Authentizität

Zusammenfassung Authentizität spielt eine herausragende Rolle für unser Selbstverständnis, für die Wahrnehmung von anderen Menschen und auch für Markenpersönlichkeiten. Entgegen der Vorstellung allerdings, dass man nur einfach man selbst sein muss, ist es nicht einfach zu sagen, wann genau man jenseits aller eingeübten Rollen wirklich authentisch ist. Mit Blick auf eine als authentisch geltende Persönlichkeit wie Greta Thunberg, die für die durchaus als Marke zu verstehende Bewegung Fridays For Future steht, stellt sich die Frage, inwieweit professionelle Inszenierung einer Marke jedwede Authentizität ausschießt oder umgekehrt geradezu als deren Bedingung zu verstehen ist.

Der Selbstanspruch eines Menschen und der gesellschaftliche Anspruch an ihn klaffen wohl nirgendwo so sehr auseinander, wie bei der regelmäßig an Heranwachsende gestellten Frage, was man denn später einmal zu „werden" gedenke. Tatsächlich hat diese Frage schon deshalb etwas Verräterisches, weil junge Menschen immer schon etwas sind – nämlich sie selbst. Die westliche Philosophie hat daraus spätestens seit Heraklit die Konsequenz gezogen, dass kein bestimmter Beruf, sondern das noch zu erkundende Selbst aller Anstrengungen im Leben wert ist. Friedrich Nietzsche bringt diese Einsicht dann Jahrhunderte später auf eine griffige Formel: „Werde, der du bist!" (Nietzsche, KSA 4, S. 297).

In der ersten Hälfte des 20. Jahrhunderts ist diese Selbstwerdung und mehr noch ihr regelmäßiges Scheitern eines der Hauptmotive der Existenzphilosophie. So legt *Martin Heidegger* in *Sein und Zeit* (1927/1967) eine Phänomenologie des uneigentlichen „Man" vor, das die Unmöglichkeit der individuellen Selbstwerdung aufgrund der Einbindung des einzelnen Menschen, des „Daseins", wie er sich ausdrückt, in der Gesellschaft beschreibt:

> „Dieses Miteinandersein löst das eigene Dasein völlig in die Seinsart »der Anderen« auf, so zwar, daß die Anderen in ihrer Unterschiedlichkeit und Ausdrücklichkeit noch mehr verschwinden. In dieser Unauffälligkeit und Nichtfeststellbarkeit entfaltet das Man seine eigentliche Diktatur. Wir genießen und vergnügen uns, wie man genießt; wir lesen, sehen und urteilen über Literatur und Kunst, wie man sieht und urteilt; wir ziehen uns aber auch vom »großen Haufen« zurück, wie man sich zurückzieht; wir finden »empörend«, was man empörend findet. Das Man, das kein bestimmtes ist und das Alle, obzwar nicht als Summe, sind, schreibt die Seinsart der Alltäglichkeit vor." (Heidegger, 1927/1967, S. 126f.)

Auch *Jean Paul Sartre* vertritt eine ähnliche Ansicht und entwickelt in seinem Hauptwerk *Das Sein und das Nichts* (Sartre, 1943/1991) das Motiv der *Unaufrichtigkeit gegen sich selbst* (ebd., S. 132 ff.). Sartre beschreibt damit einen Zustand, in dem Menschen häufig aufgrund ihrer gesellschaftlichen Rolle nicht in der Lage sind, zu ihrem eigentlichen Sein zu finden. Unaufrichtig findet Sartre deren Modus des „das zu sein, was ich nicht bin" (ebd., S. 141), weil die Menschen sich selbst darüber täuschen, dass ihr eigentliches Selbst mit ihrer Rolle in der Gesellschaft in eins fällt. Das wohl berühmteste Beispiel für diese Verkehrung ist der Angestellte in einem Café, der durch seine Rolle als die ihm selbst völlig fremde Person des Kellners davon abgehalten wird, er selbst zu sein:

> „Ich mag noch so sehr die Funktion eines Kellners erfüllen, ich kann es nur in neutralisierter Weise sein, so wie der Schauspieler Hamlet ist, indem ich mechanisch die typischen Bewegungen meines Berufs mache und mich über diese zum Analogon genommenen Bewegungen als imaginärer Kellner betrachte." (ebd., S. 142).

Niemand ist demnach wirklich ein Kellner, Gemüsehändler, Bauer oder Polizist – und wer diese Rollen mit seinem eigentlichen Selbst verwechselt, ist nicht weniger als unaufrichtig gegenüber sich selbst. Offenkundig geht Sartre davon aus, dass sich diese fundamentale Verfehlung notwendig bei Kellnern, nicht aber bei Philosophieprofessoren einstellt, womit man ihm durchaus einige Arroganz gegenüber anderen Milieus unterstellen kann. Neben dieser für professionelle Denker nicht untypischen *déformation professionnelle* ist allerdings auch schwer nachvollziehbar, wo das wirkliche Selbst außerhalb allen Eingebundenseins in Tätigkeiten in der Welt zu finden ist. Ein Kellner ist zwar nicht immer ein Kellner, auch wenn Sartre das nahelegt, aber auch als Freund, Ehemann, Junggeselle, Liebhaber, Untermieter oder auch als Existenzialist ist er immer auch durch seine Rolle im Austausch mit den anderen bestimmt.

Einer Kritik des Überstrapazierens der Denkfigur vermeintlich aufrichtig eigentlichen Seins folgend spricht *Theodor W. Adorno* in den 1960er Jahren wesentlich in Abgrenzung zu Heidegger kritisch von einem *Jargon der Eigentlichkeit* (Adorno, 1970), den viele seiner Zeitgenossen im Munde führten. Hierin erkennt er eine Hybris des Auserwähltseins, wie sie eben schon bei Sartre durchscheint. So scheint diesen Kollegen ein authentisches, eigentliches Leben jenseits aller Rollen nicht nur möglich, sondern auch im eigenen Lebensentwurf schon realisiert. Mit dieser Annahme sind sie allerdings nicht beim eigentlichen Selbst, sondern nur bei einer in der intellektuellen Szene fest umrissenen Rolle angelangt. Adorno spießt diesen Umstand mit der maliziösen Bemerkung auf, dass einer seiner Freunde von diesem intellektuellen Zirkel Ablehnung erfahren hat, weil er ihrem Klischee von Eigentlichkeit nicht zu entsprechen vermochte: „Er sei, so bedeutete man ihm, nicht eigentlich genug." (Ebd., S. 2825).

Obwohl diese Ausführungen deutlich zeigen, dass sich das eigentliche Selbst bei nicht allzu langem Nachdenken als ein problematisches Konzept erweisen muss, gehört die Vorstellung von einem erstrebenswerten authentischen Sein jenseits des Alltäglichen zum festen Inventar des modernen Lebens. Der Selbstverwirklichung in Freizeit und Beruf wird zunehmend ein hoher Stellenwert eingeräumt, was die dauerhaft boomende Branche der Coaches und Selbstfindungstrainer eindrücklich zu belegen scheint. Dieser Zuwachs muss allerdings nicht notwendig für die Möglichkeit einer von Erfolg gekrönten Selbstsuche sprechen. Eher könnte aus dieser Suche ein Bedürfnis nach *Entlastung* von der Enttäuschung resultieren, dass im postheroischen arbeitsteiligen Zeitalter jede Tätigkeit potenziell von einem anderen übernommen werden könnte. Das damit möglicherweise einhergehende Gefühl der Ohnmacht und Bedeutungslosigkeit scheint daher nur durch die Besinnung auf ein eigentliches, dem alltäglichen Treiben verborgenes *Selbst* überwindbar. Der vom zivilisatorischen Zugriff unberührte mythische Sehnsuchtsort *Arkadien*, in den sich die Renaissance hineinträumte, verlagert sich hiermit in der Annahme, dass jenseits alltäglicher Anforderungen ein ganz anderes, *eigentlich authentisches Ich* zu finden sei.

Seinen Ausdruck findet diese Sehnsucht beispielsweise in der 1938 von *Jerry Siegel* und *Joe Shuster* erfundenen Comicfigur des *Superman*. In der Doppelidentität als Durchschnittstyp und Übermensch ist es ihm im Gegensatz zu normalen Existenzen möglich, alle Potenziale seines eigentlichen

Selbst voll auszuleben. Dabei lässt sich an dieser Figur aufzeigen, dass die Vorstellung des eigentlichen Selbst nur in einer Doppelnatur auf der Folie des alltäglichen Seins funktioniert. Ohne diesen Teil der normalen Existenz erschiene Superman eindimensional und auch *Clark Kent* wäre ohne die Selbstverwirklichung als Superman ein bloß angepasster Spießer. In Anbetracht dessen ist es auch keine ausgemachte Sache, welche dieser Identitäten das eigentliche authentische Selbst offenbart. Überzeugend scheint vielmehr, dass beide Rollen erst in der Kombination mit dem jeweils anderen an Authentizität gewinnen.

Die große Anziehungskraft, die hiervon und vom Mythos der Eigentlichkeit überhaupt ausgeht, zeigt sich auch darin, dass das Erzählmuster des Superhelden in abgewandelter Form unzählige Nachahmer gefunden hat. Dabei scheint es kein Zufall zu sein, dass parallel zur Selbstfindungsbranche auch Superheldenfilme in ihren endlosen Sequels und Neuverfilmungen in den letzten Jahrzehnten enorm an Zuspruch gewonnen haben. Allerspätestens mit *Todd Philips* Film *Joker* (2019) ist dann auch der Superschurke als eigentlicher Superheld im Mainstream angelangt. Man kann auch einen Schritt weiter gehen und davon sprechen, dass diese Figur ihre reale Inkarnation in der Rolle eines amerikanischen Präsidenten erfährt, der durch nichts so sehr besticht wie der den Rahmen aller Normalität sprengenden Authentizität. Die eben beschriebene Doppelung der eigentlichen Rollen zeigt sich dabei darin, dass *Donald Trump* eigentlich eine Figur aus dem Showbusiness ist, die ganz buchstäblich die Rolle des amerikanischen Präsidenten übernommen hat. Der Schlüssel für den Erfolg des 45. Präsidenten mag demnach auch darin liegen, dass seine Anhänger gar keinen Politiker, sondern eine Figur aus ihrer Lebenswelt gewählt haben, die als Superheld in der Rolle des Staatsmannes alle sich selbst versagten Extravaganzen auslebt (vgl. Brown, 2016).

In der Tat ist es dieser Mechanismus einer geliehenen Selbstverwirklichung, der auch für den Erfolg von Markenpersönlichkeiten verantwortlich ist. Marken spiegeln Persönlichkeitsattribute auf die Konsumenten, wie sie diese an sich selbst finden möchten. Man kann sagen, dass die Dauerhaftigkeit bestimmter Markenpersönlichkeiten, wie *David Aaker* es beschreibt, an dieser Wechselwirkung liegt:

"For example, one analysis found Coke to be considered real and authentic whereas Pepsi was young, spirited, and exciting and Dr. Pepper was nonconforming, unique, and fun. Further, the personalities of all three brands had endured over time, sometimes in efforts and augment to change them." (Aaker, 1996, S. 142).

Diese Dauerhaftigkeit der Beziehung des Konsumenten zum eigentlichen authentischen Kern eine Marke zeigt sich insbesondere darin, dass Marken und ihre Mythen losgelöst von bestimmten Produkten oder Produktklassen funktionieren (vgl. Gerken, 1994, S. 204 ff.; Meffert et al., 2002, S. 27 ff.). Die Stärke der auf diese Weise *fraktalen Marke* besteht darin, dass ihr jeweiliger Mythos die Klammer für viele verschiedenen Produktkategorien sein kann. Mit der Zigarettenmarke Camel lässt sich beispielsweise sehr gut auch Kleidung vermarkten, weil es den Kunden um die bestimmten mit der Marke verbundenen und durch die Erzählungen vermittelten Charaktereigenschaften geht, die sie selbst eigentlich gerne ausleben würden, wenn der Alltag ihnen dafür den nötigen Freiraum ließe.

Dieses und andere Beispiele zeigen auch, dass Eigentlichkeit für Marken nicht in derselben Weise problematisch ist wie für Menschen. Im Gegensatz zu Persönlichkeiten aus Fleisch und Blut übernehmen Marken keine Alltagsrollen, die sie von diesem eigentlichen Selbst ablenken würden. Ganz im Gegenteil kehrt sich bei ihnen dieses Innere nach außen, indem sie als Projektionsflächen eines idealen *Selbst* die Eigentlichkeit in Reinform sind. Es offenbart sich damit allerdings das umgekehrte Problem, dass es Marken an jener Nahbarkeit fehlt, die Menschen aus Fleisch und Blut in ihrem ganz alltäglichen Umgang mit anderen Menschen haben. Marken sind, so könnte man sagen, andauernd Superman und müssen sich daher aktiv um die Rolle des Clark Kent bemühen.

Sponsoring, Events, Testimonials und Markenbotschafter können wir als die klassischen Mittel für Marken verstehen, dieser authentischen Alltäglichkeit ein stückweit näherzukommen. Für diese Anlässe kommen häufig Prominente und damit Menschen zum Einsatz, die selbst bereits den Status einer Marke eingenommen habe. So handelt es sich auch bei Testimonials von Sportlern, Schauspielern und Popstars um Formen des Co-Brandings, bei dem die eine Marke ein Stück ihrer Authentizität an die andere verleiht. Obwohl es sich um teilweise sehr erfolgreiche Kooperationen handelt, bleibt doch fragwürdig, inwieweit sich die Lücke zwischen Alltag und Marke damit tatsächlich schließen lässt. Nicht nur wirkt es in vielen Fällen unglaubwürdig, wenn ein bekanntes Gesicht für ein bestimmtes Produkt Werbung macht. Außerdem besteht die Aufgabe der Kooperation nicht immer darin, eine Nähe zur Marke zu schaffen. Wenn beispielsweise ein Top-Tennisspieler wie *Roger Federer* von *Nike* zu *Uniqlo* wechselt, dann zeigt sich an dieser 300-Mio.-US$-Übernahme (vgl. Rovell, 2018) eher die Stärke des Textilgiganten aus Fernost gegenüber seinem amerikanischen Konkurrenten, als dass einem die Marke damit auf einer menschlichen Ebene näherkäme.

Im Zeitalter von Social Media wird dieses Problem scheinbar dadurch gelöst, dass *Influencer-Marketing* einen immer größeren Raum in der Produktwerbung einnimmt. Indem das Leben einer normalen Person auf das Smartphone der Konsumenten gesendet wird, scheinen gleich zwei Probleme gleichzeitig gelöst zu sein. Einerseits gewinnt die Marke jene Authentizität, die durch den ganz normalen Umgang mit den Produkten in Alltagssituationen entsteht. Gleichzeitig können die Konsumenten mit den aus dem Kontext der jeweiligen Zielgruppe gegriffenen Influencern direkter angesprochen werden. So rasant wie sich Influencer-Marketing in den letzten Jahren entwickelt hat, ist allerdings auch ihre Professionalisierung vorangeschritten. Längst sind die Internetprominenten eine Klasse für sich, deren Alltag wenig mit dem der Follower zu tun hat. Die vermeintlich unverstellte Sicht auf das alltägliche Treiben normaler Menschen ist damit durchschaubar zu einer Inszenierung geworden wie jeder andere Werbespot auch.

Suchte man nach einem Beispiel für eine tatsächliche authentische Heldenfigur und Influencerin jenseits der zur Massenware gewordenen Sternchen der Internetvermarktung, dann wird man bei der Umweltbewegung *Fridays For Future* und ihrer ikonischen Gründerfigur *Greta Thunberg* fündig. Offenkundig rührt ihre Stellung vor allem daher, dass sie glaubhaft nicht nur eine Rolle spielt. Ihre authentische Haltung macht sie vielmehr zum Gewissen und Gesicht dieser Bewegung, und sie verkörpert den Mythos der Eigentlichkeit in gleich vielfacher Hinsicht. In erster Linie gilt diese Beobachtung für ihr jugendliches Alter und vergleichsweise kindliches Auftreten, wodurch sie vor den Zudringlichkeiten des Heideggerschen *Man* geschützt zu sein scheint: Sie ist noch nicht geworden, was *man* so wird. Gleichzeitig aber wird ihr eine die Erwachsenen überflügelnde geistige Reife unterstellt. Ansichten und Forderungen, die anderen Jugendlichen wohl als naiv, unterkomplex und in der Sache hinlänglich bekannt ausgelegt würden, erscheinen bei ihr als Ausdruck großer Einsicht und Ernsthaftigkeit. Plausibilisiert wird diese Wahrnehmung noch durch das bei ihr festgestellte Asperger-Syndrom, das ihr noch gegenüber Gleichalterigen eine Sonderstellung verleiht. Greta stammt zwar nicht vom Planeten Krypton, aber auch ihr wurde eine Superkraft in die Wiege gelegt:

"I have Asperger's and that means I'm sometimes a bit different from the norm. And – given the right circumstances – being different is a superpower. #aspiepower." (Greta Thunberg, zitiert nach Limburg, 2019).

Obwohl sie keine besondere Inselbegabung hat, kann sie hiermit an das spätestens seit *Barry Levinsons'* Film *Rain Man* (1988) populären Vorstellungen über die besonderen intellektuellen Fähigkeiten von Menschen auf dem Autismus-Spektrum anknüpfen. So wird die Vorstellung von Autismus als einer eigentlichen Stärker auch mit *Elon Musk* in Verbindung gebracht, der seinerseits ein herausragendes Beispiel für eine authentische Influencer-Persönlichkeit als Kern einer Marke ist (vgl. Isaacson, 2023, S. 165).

In Abgrenzung auch zu machohaften Figuren wie Musk ist es für Greta Thunberg nicht unerheblich, dass wir es mit einem *Super-Girl* zu tun haben. Entscheidend ist dafür, dass der Missstand des menschengemachten Klimawandels nicht nur bei Feministen als wesentlich von Männern verursacht erachtet wird. Dass *man* ganz im Sinne des in diesem Pronomen enthaltenen Geschlechts für den Klimawandel verantwortlich zeichnet, macht es plausibel, dass nur es nun an *frau* ist, hier wie andernorts auch den eigentlich richtigen Weg einzuschlagen. Außerdem wird sie weiblichen Vorbilder zugeordnet, wie es die bisweilen gehässigen Thunberg-Internet-Meme als Jungfrau Maria, Jeanne d'Arc oder Sophie Scholl belegen. Im positiven Sinne kommt auch ihr die spirituelle Reinheit dieser Figuren zu, wie es beispielsweise das Magazin *The New Yorker* für Greta Thunberg reklamiert (vgl. Kormann, 2019).

Schließlich spielt auch ihre Nationalität eine nicht zu unterschätzende Rolle. So ist Skandinavien für viele ein Sehnsuchtsort, dessen Image für ein hohes Maß an sozialer Fürsorge, ökologischem Bewusstsein und progressiven Lebensstil steht. Nicht zuletzt wird dieses Bild noch durch die vielen kindlichen Helden der Kinderbuchautorin *Astrid Lindgren* abgerundet. Tatsächlich hört sich auch die Geschichte von dem kleinen Mädchen, das jeden Freitag vor dem schwedischen Parlament für Aufmerksamkeit im Zusammenhang mit dem drohenden Klimawandel demonstriert, wie aus einer Erzählung von Lindgren an. Greta Thunberg wirkt dabei so trotzig wie *Lotta,* so stark wie *Pipi Langstrumpf* und vielleicht auch ein bisschen eigenartig wie *Karlsson vom Dach.* Wie diese Figuren aus Lindgrens Kinderbüchern steht Greta Thunberg glaubhaft dafür, dass die Lebenswirklichkeiten von Kindern relevant sind und von den übermächtigen Erwachsenen ernst genommen werden müssen. Sicherlich wusste die große schwedische Autorin noch nichts von Social Media und überhaupt den Möglichkeiten der Informationsverbreitung über das Internet; aber auch ihre Geschichte hätte wohl die Pointe, dass es das kleine Mädchen mithilfe der anderen Kinder schafft, den Großen ihre Gleichgültigkeit vor einem drängenden Problem vorzuführen.

Einschränkend sei jedoch hinzugefügt, dass sie in der Rolle der *Cassandra*, die vor allem die Welt der Erwachsenen in Panik versetzen möchte, nicht in eine der Geschichten Astrid Lindgrens gepasst hätte (vgl. Vagianos, 2019). Wo Lindgren eher auf Ausgleich zwischen den Generationen bedacht ist, folgt die Erzählung von Greta einem unauflöslichen Gegensatz von kindlicher Eigentlichkeit einerseits und dem Versagen der Erwachsenen in der Rolle unaufrichtiger Uneigentlichkeit andererseits. Auf den Titelseiten führender Magazine oder auf Konferenzpanels vermittelt sie das entsprechende Bild der Jugendlichen mit einem Problembewusstsein, das den Erwachsenen im alltäglichen *business as usual* verloren gegangen ist. Einen Höhepunkt erfährt diese Haltung in dem zornigen *How dare you-Refrain* ihres Redebeitrags auf dem UN-Klimagipfel 2019:

> „This is all wrong. I shouldn't be standing here. I should be back in school on the other side of the ocean. Yet you all come to us young people for hope? How dare you! You have taken away my dreams and my childhood with your empty words. And yet I'm one of the lucky ones. People are suffering. People are dying. Entire ecosystems are collapsing. We are in the beginning of a mass extinction. And all you can talk about is money and fairy tales of eternal economic growth. How dare you!" (Thunberg, 2019, S. 96).

In diesem Moment wirkt sie allerdings nicht mehr nur trotzig und gewitzt, sondern auch verbohrt und seltsam entrückt. Entsprechend hat sie mit der Äußerung wohl viel positive Resonanz bei ihren Unterstützern erzeugt; es sind aber auch die auf diesen Ausbruch reagierenden Internet-Meme zahlreich, die Greta Thunberg stark kritisieren und durch den Kakao ziehen. Die Ablehnung spricht dafür, dass sie mit dieser Performance den äußersten Punkt dessen schon überschritten hat, wie sie ihre Botschaft vermitteln kann, ohne als geistig aus der Rolle fallend wahrgenommen zu werden. Allerdings achtet sie auch bei diesem Auftritt auf eine dahingehend festgelegte Grenze des Sagbaren, die zwischen dem Hinweis auf Missstände und konkreten Vorschlägen liegt. Seit Greta Thunberg ihre Anhängerschaft mit einer positiven Äußerung zu Atomkraft in Erklärungsnot gebracht hat (vgl. Kessler, 2019), scheint sie tatsächlich davon abzusehen, eigene ganz konkrete Beiträge für Lösungen gegen den Klimawandel einzubringen. Dieses muss sie in ihrer Rolle auch nicht als ihre Aufgabe verstehen. Greta Thunberg und mit ihr die Marke Fridays For Future stehen vielmehr für die authentische und berechtigte Forderung der jungen Leute, dass die für Klimaschäden verantwortlichen Erwachsenen umdenken und Maßnahmen etwa zur Einhaltung des 1,5-Grad-Ziels ergreifen (vgl. Fridays For Future, 2023).

Die Bezeichnung als Marke muss hier nicht nur deshalb nicht in Anführungszeichen stehen, weil Greta Thunberg Anfang 2020 die Registrierung von Fridays for Future und des eigenen Namens als Marken anstrebt (vgl. The Guardian, 2020). Auch wenn es sich hierbei nicht um eine kommerzielle Organisation mit einer Strategie für den eigenen Markenauftritt handelt, hat sich durch die Ritualisierung der Streiks und deren Export in die ganze Welt der eindeutig wiedererkennbare globale Brand Fridays for Future etabliert. So gesehen kann man hier von einer *natürlichen Markenbildung* sprechen, die nicht das Produkt einer bewussten Anstrengung ist, und die es durch Markenrecht vor dem Zugriff Dritter zu schützen gilt (vgl. Domizlaff, 1939/2005, S. 183).

Der Hinweis auf das organisch-natürliche Wachstum der Marke *hinter dem Rücken des Bewusstseins* von Greta Thunberg, die selbst ihr eigentliches Desinteresse am Branding (vgl. The Guardian, 2020) bekundet, könnte aber auch zu naiv sein. Tatsächlich ist es angesichts des schnellen medialen Erfolgs von *Fridays For Future* und der Präsenz von Greta Thunberg nicht abwegig anzunehmen, dass ihrer Geschichte ein an schwedischer Kinderliteratur geschultes Skript zugrunde liegt. Die für ihre Verwertbarkeit vor einem breiten Publikum geeigneten Fotos von ihrem frühen Protest vor dem schwedischen Parlament könnten etwa in die von Kritikern insinuierte Richtung eines planmäßigen Aufbaus der öffentlichen Persona Greta Thunberg weisen. Sofern mit Authentizität der unverstellte Zugang zum eigentlichen Selbst einer Person jenseits aller gesellschaftlichen Eingebundenheit und den damit verbundenen strategischen Überlegungen gemeint ist, dann wäre das tatsächlich fatal für die Glaubwürdigkeit des Brands. Allerdings ist der Diskussion der Eigentlichkeit zu entnehmen, wie problematisch dieses Konzept als solches ist. Sinnvoller erscheint demgegenüber die Frage, ob das Wissen um die professionelle Inszenierung unserem Eindruck von Authentizität schadet. Wenn man es von dem Standpunkt her betrachtet, dass Authentizität keine ontologische, sondern eine ästhetische Kategorie ist, muss dieses nicht unbedingt schadhaft sein. Nach dieser Lesart geht es bei der Frage nach Authentizität nicht um Eigentlichkeit im strengen, ja *eigentlichen* Sinne, sondern darum, ob die *Darstellung des Authentischen* für den Betrachter bedeutungsvoll ist.

Eine solche Perspektivenverschiebung ist beispielsweise aus der bildenden Kunst und der Kritik am naiven Realismus bekannt. Der Vorstellung, dass Bilder die eigentliche Wirklichkeit einfach kopieren können, ist der hier Einsicht gewichen, dass jedes Bild durch die Perspektive des Kunstschaffenden einerseits und die seiner Rezeption andererseits vermittelt wird. Ein in der Natur entstandenes impressionistisches Bild ist demnach nicht weniger, aber auch nicht unbedingt in höherem Maße authentisch als klassische Ateliermalerei oder hochauflösende kontemporäre Landschaftsfotografie. Es kommt eben darauf an, ob das Sujet authentisch dargestellt ist. Genauso ist die Geschichte einer Romanfigur nicht unbedingt weniger authentisch als ein Erlebnisbericht. Vielmehr verhält es sich häufig so, dass die Technik des Erzählens bestimmte Situationen in ihrer Komplexität viel authentischer nahebringen kann, als es etwa die weniger elaborierten Berichte von Zeitzeugen zu leisten vermögen. Auch, dass der Schauspieler auf der Bühne nicht wirklich Hamlet ist, können wir als die Bedingung für die *authentische* Wiedergabe eines inneren Konflikts verstehen, den lebende Menschen wohl spüren, aber nicht so vermitteln können wie es ein Künstler in seinem Spiel vermag. Nach dieser Lesart ist es naheliegend, dass es Greta Thunberg nur aufgrund sehr professioneller Unterstützung beim Erzählen ihrer Geschichte und damit dem Aufbau ihres Mythos gelingen konnte, die Dringlichkeit des Klimaproblems authentisch zu vermitteln. Wir müssen den Willen zu Selbstdarstellung und bewusster Markenbildung hier wie auch andernorts nicht im Gegensatz, sondern als integralen Bestandteil von Authentizität verstehen. Es spräche demnach keineswegs gegen ihre Authentizität, wenn sich die Umweltaktivistin Greta Thunberg bewusst dafür entschieden hätte, dasjenige in der Öffentlichkeit darzustellen, was *man* sich unter einer engagierten jungen Umweltschützerin im besten Sinne vorstellt.

Da sich das Image von Eigentlichkeit und Authentizität eines noch werdenden Menschen besonders schnell abnutzt, ist keineswegs gesichert, ob sich mit der jungen Klimaaktivistin auch auf lange Sicht die Herzen gewinnen lassen. Anfang der 2020er Jahre steht Greta Thunberg noch in idealer Weise für den Protest derjenigen, die den Klimawandel eigentlich nicht selbst verursacht haben. Jetzt als Twen gehört sie jedoch schon zum Establishment einer Umweltbewegung, der im Gegensatz zum Aktivismus neuerer Bewegungen immer mehr das Image bürgerlicher Saturiertheit anhaftet. Gleichzeitig zeichnen sich an den Irritationen, die ihre nicht die Klimapolitik direkt betreffenden Äußerungen auch bei Fridays For Future auslösen, die Probleme der Ausrichtung einer Marke an einer sich immer nach eigener Façon authentisch verhaltenden Person ab.

Literatur

Aaker, D. A. (1996). *Building strong brands*. Free Press.
Adorno, T. W. (1970). *Negative Dialektik. Jargon der Eigentlichkeit* (Gesammelte Werke Bd. 6). Suhrkamp Verlag.

Brown, T. K. (10. Juni 2016). Why they love Trump: 'He's not a politician'. https://www.bbc.com/news/av/election-us-2016-36493676/why-they-love-trump-he-s-not-a-politician. Zugegriffen: 20. Dez. 2023.

Boxoffice Mojo. (April 2020). Top Lifetime Grosses. https://www.boxofficemojo.com/chart/top_lifetime_gross/?area=XWW. Zugegriffen: 29. Apr. 2020.

Domizlaff, H. (2005). Die Gewinnung des öffentlichen Vertrauens. *Hamburg: Marketing Journal.* Gesellschaft für angewandtes Marketing mbH. (Originalwerk veröffentlicht 1939).

Fridays for Future Deutschland. (2023). Unsere Forderungen an die Politik. *Fridays for Future.* https://fridaysforfuture.de/forderungen/allgemein/. Zugegriffen: 19. Dez. 2023.

Gerken, G. (1994). *Die fraktale Marke.* Econ Verlag.

Heidegger, M. (1967). *Sein und Zeit.* Max Niemeyer Verlag Tübingen (Originalwerk veröffentlicht 1927).

Isaacson, W. (2023). *Elon musk.* Simon & Schuster.

Kormann, C. (13. Dezember 2019). The pure spirit of Greta Thunberg is the perfect antidote to Donald Trump. https://www.newyorker.com/news/news-desk/the-pure-spirit-of-greta-thunberg-is-the-perfect-antidote-to-donald-trump. Zugegriffen: 28. Apr. 2020.

Levinson, B. (1988). *Rain man.* MGM/UA Communications Company.

Limburg, J. (2019). Is my autism a superpower? https://www.theguardian.com/society/2019/nov/03/is-autism-a-superpower-greta-thunberg-and-others-think-it-can-be. Zugegriffen: 23. Dez. 2020.

Kessler, G. (25. April 2019). Thunberg und die Kernkraft. Die Greta-Frage. https://energiewinde.orsted.de/klimawandel-umwelt/greta-thunberg-lehnt-atomenergie-ab. Zugegriffen: 29. Apr. 2020.

Meffert, H., Burmann, C., & Koers, M. (Hrsg.). (2002). *Markenmanagement.* Gabler.

Nietzsche, F. (1980ff). Sämtliche Werke. In von G. Colli & M. Montinari (hrsg.) *Kritische Studienausgabe* in 15 Bänden, herausgegeben. DTV de Gruyter. Zitiert als „KSA". – KSA 4: Also sprach Zarathustra.

Panofsky, E. (2002). Et in Arcadia ego. In von V. Breidecker (hrsg.), *Poussin und die Tradition des Elegischen.* Friedenauer Presse.

Philips, T. (2019). *Joker.* Warner Bros. Pictures.

Rovell, D. (2. Juni 2018). Roger Federer leaves Nike for Uniqlo apparel. https://www.espn.com/tennis/story/_/id/23972357/roger-federer-wears-uniqlo-apparel-wimbledon-opener-ending-apparel-deal-nike. Zugegriffen: 29. Apr. 2020.

Sartre, J.-P. (1991). *Das Sein und das Nichts, Reinbeck bei Hamburg:* Rowohld Verlag (Originalwerk veröffentlicht 1943).

The Guardian. (29. Januar 2020). Greta Thunberg files application to trademark her name. https://www.theguardian.com/environment/2020/jan/29/greta-thunberg-files-application-to-trademark-her-name. Zugegriffen: 29. Apr. 2020.

Thunberg, G. (2019). *No one is too small to make a difference* (Kindle Edition). Penguin.

Vagianos, A. (17. April 2019). Teen Climate Activist Greta Thunberg to EU Lawmakers: 'I Want You To Panic'. https://www.huffpost.com/entry/teen-climate-activist-greta-thunberg-to-eu-lawmakers-i-want-you-to-panic_n_5cb7344ce4b0ffefe3ba6287. Zugegriffen: 20. Dez. 2020.

Waller, S. (2015). *Leben in Entlastung. Mensch und Naturzweck bei Arnold Gehlen.* UVK.

Woodward, A. (3. Januar 2020). Greta Thunberg turns 17 today. Here's how she started a global climate movement in just 18 months. https://www.businessinsider.sg/greta-thunberg-bio-climate-change-activist-2019-9?r=US&IR=T. Zugegriffen: 3. Mai 2020.

6

BP: Diesseits von Gut und Böse

Zusammenfassung Nicht nur in Social Compliance Statements zeigt sich, dass Unternehmen und damit auch deren Marken moralische Verantwortung tragen. Diese tritt auch immer dann hervor, wenn sie in die öffentliche Kritik geraten. Angesichts der Härte, mit der Kritik oftmals geführt wird, kann ihre relative Folgenlosigkeit für Unternehmen und Brands durchaus erstaunen. Die bewegende Geschichte von BP führt uns diesbezüglich vor Augen, dass es eine Eigenschaft großer Marken ist, im Zweifel außerhalb moralischer Verantwortung zu stehen.

Der biblische Mythos von der Vertreibung aus dem Paradies ist mit dem Wissen um Gut und Böse und der damit einhergehenden moralischen Verantwortung des Menschen verbunden. Wer ethische Kategorien kennt, so die alttestamentarische Überlieferung, der ist Gott in dieser Hinsicht ähnlich, kann aber auch nicht mehr wie ein Tier in paradiesischer Gleichgültigkeit gegenüber den Missständen in der Welt leben. Da uns zum moralischen Problembewusstsein nicht noch die göttliche Einsicht in das richtige Handeln gegeben ist, gehören ethische Fragen zu den schwierigsten überhaupt. Trotz größter Bemühungen auf diesem Gebiet liegt das beständige Problem darin, dass es keine alle Menschen gleichermaßen überzeugende Grundlegung der Moral gibt.

Als Antwort auf alle Versuche der Moralbegründung ist es daher das Unterfangen *Friedrich Nietzsches,* allgemein verbindliche Moralvorstellungen als bloßen Ausdruck historisch-sozialer Entwicklungen zu entlarven (vgl. Nietzsche KSA 5, S. 245 ff.). Selbst dieser oftmals harsche Kritiker aller ethischen und auch epistemologischen Objektivität ist sich allerdings mit den meisten anderen Denkern in der Annahme einig, dass, sofern man einen monotheistischen Gott annimmt, dieser selbst keine moralischen Verfehlungen begehen kann. Zwar gibt es eine lange, insbesondere durch das Erdbeben von Lissabon im Jahre 1755 befeuerte und unter der Bezeichnung des *Theodizee-Problems* geführte Diskussion zu der Frage, ob sich das Unheil in der Welt mit der Annahme von Allwissenheit, Allmacht und unendlicher Güte des christlichen Gottes verbinden lässt. Überzeugend lösen lässt sich dieses Problem nur durch die Verneinung aller moralischen Einschränkungen göttlichen Handelns: Entweder man gibt den Glauben ganz auf, oder man nimmt als Gläubiger eine agnostische Haltung gegenüber einer an unseren Maßstäben gemessen jenseits von Gut und Böse stehenden absoluten Verantwortlichkeit Gottes ein. In beiden Fällen ist der monotheistische Gott moralisch nicht zu belangen.

Ähnliches gilt für den polytheistischen Götterhimmel der Antike. So ähnlich uns diese Götter auch sein mögen, entzieht sich deren oftmals durchaus ethisch fragwürdiges Verhalten unserem moralischen Urteil, weil wir bloß sterbliche Wesen sind. Von diesem *mutatis mutandis* auch für den Monotheismus entscheidenden Wesensunterschied abgesehen stellt sich die Frage nach der moralischen Verantwortung der antiken Götter aber auch deshalb nicht, weil sie gleichermaßen als Verursacher wie auch Beschützer vor Unbill in der Welt verehrt werden. So ist etwa *Poseidon* nicht nur der Gott des Meeres, sondern ebenfalls der Gott des Erbebens und obendrein auch für die Stabilität auf dem Festland zuständig. Für ihn wie für alle anderen antiken Götter gilt die von den aufgeklärten Philosophen der Antike geteilte Feststellung des Poeten *Statius,* dass die Angst diese Götter überhaupt erst in die Welt gebracht hat: „Primus in orbe deos fecit timor" – „Furcht war's zuerst, die sich Götter erschuf hier auf Erden." (Kudla, 2007, S. 111). Die Menschen erschufen die Götter demnach aus Angst vor den Bedrohungen in der Welt, als deren Ursache sie dann die jeweiligen Gottheiten selbst ausmachten. Die antiken Götter waren hiernach aber keineswegs dazu da, sie für die von ihnen verursachten Katastrophen zur Rechenschaft zu ziehen. Damit einem kein weiteres Unheil widerfährt, dienen sie vielmehr dazu, dass man mit ihnen gutstellen kann. Einerseits *entlasten* die Götter einen damit von der eigenen Schuld, die etwa darin bestehen könnte, sich nicht selbst genug geschützt zu haben – und andererseits vermittelt das intime Verhältnis zu den Göttern das entlastende Gefühl, von zukünftigen Katastrophen verschont zu bleiben. Als symbolische Verursacher und gleichfalls Symbole der Versicherungen gegen die von ihnen zu verantwortende Katastrophenfälle stehen sie auf diese Weise jenseits moralischen Urteilens über Gut und Böse.

6 BP: Diesseits von Gut und Böse

Der Name der Ölplattform „Deepwater Horizon" steht für eine der bisher größten menschengemachten Umweltkatastrophen, die mit ihrer Explosion am 20. April 2010 und dem darauffolgenden Sinken der Bohrinsel zwei Tage später ihren Ausgang nahm (vgl. Deepwater Horizon, 2023; Deepwater Horizon Explosion, 2023). In der Folge dieses unmittelbar 11 Menschenleben fordernden schweren Unfalls flossen innerhalb von 87 Tagen geschätzte 4,9 Mio. Barrel Rohöl aus der offenen Bohrvorrichtung ins Meer (vgl. Deepwater Horizon Oilspill, 2023). Die daraus resultierenden Umweltschäden und ökonomischen Einbußen rund um den Golf von Mexiko sind bis heute, mehr als 10 Jahre nach dem Unfall, noch nicht abzusehen. Auch die noch andauernden und bis heute bei über 54 Mrd. US$ liegenden Aufwendungen für Reinigungs-, Entschädigungs- und Strafzahlungen bestätigen den traurigen Negativrekord dieser Katastrophe (ebd.).

In denselben Dimensionen wird seinerzeit der Imageverlust für den Energieriesen *British Petrol* (BP) eingeschätzt, der als Betreiber von *Deepwater Horizon* für diese immensen Schäden verantwortlich ist. Besonders pikant ist, dass die Marke BP in dem vorhergehenden Jahrzehnt einen viel beachteten Transformationsprozess hin zu einem umweltbewussten, grünen Energiekonzern beschritten hat. Bis zu diesem mit einem umfassenden Redesign der Marke im Jahre 2000 kommunizierten Wendepunkt in der Unternehmensstrategie kann BP auf eine lange Geschichte als klassischer Energiekonzern blicken. Diese Geschichte geht zurück auf die Gründung der *Anglo Persian Oil Company* zur Ausbeutung von Ölvorkommen im heutigen Irak im Jahre 1909 (vgl. BP, 2023). Auch wenn die APOC erst 45 Jahre später, 1954, in British Petroleum Company umbenannt wird, vermarktet sie ihre Produkte schon ab 1917 unter dem Markennamen *British Petrol* im Vereinigten Königreich (vgl. BP Early History 2023). Das dann in den 1920er Jahren entworfene und durch seine charakteristischen Serifen hervorstechende Signet „BP" prägt das Gesicht der Marke während des gesamten 20. Jahrhunderts. 1930 werden die bis dato in Anführungszeichen stehen Lettern von ebendiesen befreit und stattdessen von einem Schild umrandet. Dessen ab 1947 grün gestalteter Grund mit gelben Initialen und Outline geben bis heute die Corporate-Farben von BP vor. Wenn das erste BP-Logo noch von A.R. Saunders, einem als Designer unbekannten Angestellten von BP, gestaltet wurde, besorgt der berühmte Produkt- und Markendesigner *Raymond Loewy* 1961 das zweite Redesign der Bildmarke, die in dieser Form 1989 noch einmal von *Siegel & Gale* in Form und Farbe modernisiert wird. Das Logo erscheint jetzt in einem strahlenden Grün und das Signet und die Umrandung in gelbem Vollton. Hiermit entsteht ein allgemein frischerer, durch seine starken Kontraste an ein Beet Narzissen erinnernder Eindruck. Bei allen Veränderungen bleibt das BP-Logo in seinen unterschiedlichen Inkarnationen im 20. Jahrhundert darin konstant, mit wehrhaftem Schild und stabilen Initialen für das unerschütterliche Selbstbewusstsein einer großen Marke in der Schlüsselindustrie des durch Öl betriebenen Fortschritts zu stehen.

Im Vergleich dazu ist das 2000 von der Agentur *Landor* entworfene Firmenlogo als ein visueller Bruch mit der Tradition zu verstehen. Es entsteht der Eindruck eines vollkommenen Neustarts vor allem dadurch, dass die über ein Dreivierteljahrhundert das Unternehmenswappen prägenden Initialen verbannt werden. Nicht mehr im optischen Zentrum des Geschehens stehend fungieren sie nur mehr als ein auf Minuskeln geschrumpfter Kommentar zum Strukturwandel des Unternehmens. In dieser neuen Form sollen die kleingeschriebenen Lettern *bp* auch nicht mehr nur für die stolze Tradition der British Petrol, sondern für die in den Slogan *beyond petroleum* gefasste neue Marschrichtung des Unternehmens stehen (Landor, 2015). Den Worten des damaligen CEO von BP, *Lord John Browne,* folgend ist dieser Weg eine schuldbewusste Abkehr von der unhinterfragten Teilhabe des Unternehmens am Klimawandel: „Ladies and gentlemen, climate change is a reality and we are partly responsible." (Cross, 2000). Dieser Wille, angesichts des bereits zur Jahrtausendwende drängenden Klimaproblems den Schwerpunkt des eigenen Unternehmens von fossiler auf regenerative Energie umzustellen, spiegelt sich auch in der neuen, den Namen des griechischen Sonnengottes *Helios* tragenden Bildmarke zu *beyond petroleum* wider (BP, 2020). Dieses auf den ersten Blick an bei den Kindern der 70er Jahre beliebten Prilblumen erinnernde Logo verbindet die in der letzten Version des BP-Signets angelegten floralen Bezüge der Corporate-Farben mit einem für die Kraft der Sonne stehenden Symbol. Im Zusammenspiel der bestehenden Farbgebung mit einer neu hinzugefügten Grünschattierung symbolisiert es den Übergang von Sonnenstrahlen in regenerative grüne Rohstoffe.

Diese durchaus kühn zu nennende Neuinterpretation des Markenauftritts wird durch eine aus dem Hause *Ogilvy* erdachte, den Strukturwandel offensiv benennende Kampagne unterstützt. Die in nüchternem Weiß gestalteten Plakate sind nach Aussagen der Art-Direktorin *K.J. Bowen* als „messages, not ads" (Bowen, 2005) konzipiert und leben von dem Überraschungseffekt, dass ein Ölproduzent auf die drängende Frage nach alternativen Energiequellen eingeht. Außerdem wird mit Highlights auf den Plakaten, insbesondere bei Aussagen wie „It's time to think *outside* the barrel" und „It's time for fuel to *come clean*" (ebd.) bewusst auf einen inneren Reinigungsprozess in dem Unternehmen eingegangen. Auf diese Weise bekundet BP mit dieser

Kampagne auch innere Umkehr und Läuterung, die zu einem Umdenken geführt haben.

Die hiermit einhergehende Absicht, Energie neu zu durchdenken, wird auch durch Informationen zum Energieverbrauch auf der Website von BP unterstützt. Außerdem trägt die Printkampagne und der von BP seinerzeit online bereitgestellte individuelle *Carbon-Footprint-Calculator* dazu bei, den Ausdruck *carbon footprint* zu popularisieren und damit auch das allgemeine Bewusstsein für den Klimawandel zu stärken. Auf den hiermit einhergehenden Bewusstseinswandel hebt die TV-Kampagne ab, indem sie Menschen in Interviewsituationen zeigt, die überrascht, erstaunt und wissbegierig auf Fragen bezüglich des Klimawandels und erneuerbarer Energien reagieren. Tatsächlich verfängt die Botschaft, dass ein Energiegigant die Zeichen erkannt und bereit ist, das Richtige zu tun. Die Rebranding-Kampagne und das grüne Image spricht eine breite Öffentlichkeit an, was sich auch äußerst positiv auf Markenimage und Geschäftszahlen auszuwirken scheint:

> „Sales from 2004 to 2005 rose from $192 billion to $240 billion then to $266 billion in 2006. Moreover, a Landor Associates survey of consumers found that 21% of them thought BP was the greenest of oil companies, followed by Shell at 15% and Chevron at 13%. The campaign also won a 2007 gold Effie from the American Marketing Association. BP said that from 2000-2007, its brand awareness went from 4 percent to 67 percent." (Nastu, 2008)

Dieser enorme Prestigegewinn der Marke durch das neue grüne Image erreicht im April 2010 seinen Höchststand, als BP von der Ratingagentur *BrandZ* vor allen anderen Energiekonzernen auf Platz 34 der weltweit wertvollsten Marken überhaupt aufsteigt (Ranking the Brands BP, 2023). Mit der Katastrophe im Golf von Mexiko ändert sich diese positive Einschätzung allerdings schlagartig. So verzeichnet BP 2010 einen auf um die 1 Mrd. US-$ eingeschätzten Verlust in der Bewertung der Brand Value (Rao, 2010) und fällt im Herbst desselben Jahres nach 11 Jahren zum ersten Mal aus den TOP 100 weltweiten Brands der Ratingagentur Interbrand (Sweeney, 2010).

Der hiermit einhergehende Ansehensverlust von Konzern und Marke findet seinen visuellen Ausdruck in einem von *Greenpeace* schon bis Ende Juni 2010 ausgeschriebenen Redesign-Wettbewerb für das BP-Logo, dessen Einreichungen dem Konzern wesentlich Greenwashing und Geldgier unterstellen. Das am meisten genutzte Stilelement ist das Kontrastieren des gelb-grünen Firmenlogos mit schwarzen und braunen Ölflecken. Auch die Verwendung des Biohazard-Symbols in oder anstelle des Helios-Logos erfreut sich einiger Beliebtheit. Gleichzeitig finden sich viele kreative Einfälle dazu, wie der Begriff des unaufrichtigen Umweltsünders auf das Kürzel „bp" reduziert werden kann: „Beyond promises", „blooming propaganda" oder noch etwas derber „bunch of pricks" sind nur einige dieser vielfältigen Möglichkeiten (The Guardian, 2010). Die in Wort und Bild in die Sprache der Werbung gegossene Botschaft könnte deutlicher nicht sein: In der Umweltkatastrophe zeigt sich das wahre Gesicht eines klassischen Energiekonzerns, dessen Hinwendung zu neuen Energien nichts anderes als ein PR-Trick ist. Ein Kommentar auf der Website von PR-Watch bringt diesen Vorwurf folgendermaßen auf den Punkt:

> „To BP I say, you have fooled the American Consumer with your bullshit adds about being a green company. It is very evident based on the fact that you no longer refer to 'Beyond Petroleum' on your web page, that you are now finally aware that both myself and many other American who have kept their eyes open over the last ten years are now fully aware that you are NOT Beyond Petroleum, instead you are British Petroleum: A London based multinational OIL/Petroleum company that is much more interested in short term profits than in 'saving the planet' with your uneconomical solar voltaic cells and wind power." (Cottages, 2010).

In der Tat verschwindet der Slogan *beyond petroleum* unmittelbar nach der Katastrophe von Webseite und allen anderen Werbemitteln des Konzerns. Nicht ganz unmittelbar damit zusammenhängend und wesentlich der allgemeinen Entwicklung auf dem Energiesektor folgend zieht sich BP in dieser Phase aber auch in großem Stil aus seinem Engagement für Windkraft und Solarenergie zurück und fokussiert in den kommenden Jahren wieder deutlich mehr auf fossile Energien (David, 2013). Ungeachtet dieser Rückbesinnung auf das alte Kerngeschäft hält der Konzern allerdings immer noch und mit wachsendem Abstand zu 2010 im höheren Maße daran fest, sich als eine an grünen Energien interessierte Marke darzustellen. 2019 sind laut BrandZ die finanziellen Belastungen der Katastrophe im Golf von Mexiko für BP überwunden und die Umweltschäden so weit in Vergessenheit geraten, dass der Konzern mit seiner erneut auf alternative Energien abhebende Kampagne überzeugen kann:

> „Nearing the end of the financial impact from the Deepwater Horizon environmental disaster in the Gulf of Mexico, almost a decade ago, BP is invested in growth and brand communication. With the campaign 'We see possibilities everywhere', BP asserts that it can help the world keep advancing many ways, including with natural gas and solar." (Schept, 2019).

Auch der BP-Geschäftsbericht von 2019 hebt mit dem Ausblick auf eine auf null reduzierte Netto-CO_2-Emission des Konzerns bis 2050 ab: „Our ambition is to be a net zero company by 2050 or sooner and to help the world get to net zero." (BP p.l.c., 2020). Allerdings scheinen auch diesbezüglich noch dieselben Einwände gegen diese Rhetorik berechtigt, die auch schon vor dem Desaster im Golf von Mexiko bezüglich BPs geringen Investments von nur 4 % in nachhaltige Energien gemacht wurden (vgl. Democracy Now, 2010). In der Tat macht der Konzern seine Profite 2019 ausschließlich bei Gas und Öl und Verluste bei den in der Bilanzposition „alle anderen Geschäftsbereiche" enthaltenen alternativen Energieträgern (BP p.l.c., 2020). Im Verhältnis dazu übertreffen die addierten Umsätze von Öl und Gas in 2019 die anderen Geschäftsbereiche um das etwa 150-Fache (ebd.). Dabei ist der hier verwendete neue Slogan *keep advancing* dem einstmaligen Motto *beyond petrol* nicht unähnlich und durchaus als eine erneute Bestätigung des bereits vor 2010 erhobenen Vorwurfs des Greenwashings und der Beliebigkeit des Bekenntnisses zur Nachhaltigkeit zu verstehen. Dieser Vorwurf wird auch in Details sinnfällig, etwa den im Geschäftsbericht 2020 in BP-grün gehaltenen Balken für Gas und Öl in einer Grafik zur zukünftigen Entwicklung der Energieträger. Diese Farbgebung legt es geradezu als ein Zeichen für Nachhaltigkeit und Umweltfreundlichkeit aus, dass der Bedarf nach fossilen Energien nach Einschätzung von BP auch in Zukunft noch wachsen wird. Die von BP selbst nicht ausgebeutete Kohle wird demgegenüber derselben Logik wie den meisten Greenpeace-BP-Logos folgend in einem braun-gräulichem Farbton dargestellt und somit als ungleich *schmutzigerer* Energieträger gebrandet. Angesichts dessen betont etwa Robert Brulle, Professor für Umweltsoziologie an der Drexel University, 2019: "The bigger picture is that BP is still investing 97 percent of its business in oil. The rest is lipstick on a pig" (Farand, 2019).

Angesichts dieser offensichtlichen Schieflage sollte diese auf neue Energien abhebende Kampagne genauso wenig verfangen, wie die Marke BP überhaupt seit 2010 stetig an Ansehen verloren haben. Auf den ersten Blick scheint der bereits erwähnte Einbruch in der Bewertung des Markenwerts eben für diese These zu sprechen. Allerdings hat BP bei dem Markenwert in den Jahren zuvor eine Rallye hingelegt, mit der die Marke bei BrandZ von Platz 93 der weltweit wertvollsten Marken im Jahr 2007 auf Platz 34 im Frühjahr 2010 aufsteigt. Nach der Katastrophe ist sie 2011 in diesem Ranking allerdings immer noch auf Platz 64 und damit deutlich über der Platzierung von 2007 (Ranking the Brands, 2023). Ab 2016 verschwindet BP aus der Rangliste der BrandZ Top 100. Ein vergleichbarer Abstieg zeigt sich aber auch in der allgemeinen Entwicklung anderer Top-Brands seit 2010. Dieses liegt vor allem daran, dass Unternehmen aus der digitalen Branche zunehmend die Top-Platzierungen erobern, während Unternehmen aus den traditionellen Branchen wie dem Energiesektor ihre Platzierungen nicht mehr halten können. Diese Entwicklung zeigt sich beispielsweise auch in der Platzierung des Konkurrenten *Shell*, der bei BrandZ zwischen 2010 und 2019 von Platz 40 auf 65 rutscht (Ranking the Brands Shell, 2023). Gegenüber diesen absteigenden Bewertungen im relativen Vergleich zu anderen Branchen verzeichnet die Ratingagentur Brand Finance in ihrem Jahresbericht 2020 allerdings einen steten und parallel verlaufenden Zugewinn an Markenwert, sowohl bei BP als auch Shell zwischen den Jahren 2013 und 2019 (Brand Finance, 2020). Im Jahr 2023 rangiert BP nach Einschätzung von BrandFinance auf dem 7. Platz der weltweit wertvollsten Energiemarken (Brand Finance, 2023).

Zusammengefasst sprechen diese Einschätzungen über den Markenwert dafür, dass die Entwicklung des Brand Rankings von BP nach der Katastrophe viel mit allgemeinen Verschiebungen in den Top-Brands der Welt und der Entwicklung in der Ölbranche zu tun hat. Außerdem scheint eine durch die Euphorie der *beyond petrol-Kampagne* bedingte Überbewertung der Marke durch die Analysten bis ins Frühjahr 2010 wahrscheinlich, die in der Folge des Deepwater Horizon-Desasters auf einen realistischeren Wert zurückgefallen ist. Dieser Einschätzung folgend kann man den Standpunkt vertreten, dass die Marke trotz aller gegenteiligen Einschätzungen wenig unter der Katastrophe und deren Folgen gelitten hat.

Den Grund dafür in der gewieften Kommunikation des Konzerns und einer vergesslichen oder gegenüber Umweltschäden gleichgültigen Öffentlichkeit zu suchen, muss nicht wirklich überzeugen. Vielmehr kann man sagen, dass die Öffentlichkeit durchaus umweltbewusst und medienkompetent genug ist, um solcherlei Ablenkungsmanöver zu erkennen. Naheliegender ist vielmehr, dass der grüne Anstrich von vielen Konsumenten in stiller Übereinkunft begrüßt wird. Diese Überlegung macht dann Sinn, wenn man davon ausgeht, dass Konsumenten trotz des steigenden Umweltbewusstseins wohl mehrheitlich davon ausgehen, noch auf unbestimmte Zeit auf fossile Energieträger und damit auf den Verbrauch der Produkte der klassischen Energiekonzerne angewiesen zu sein. Eingedenk der Umweltschädlichkeit der damit zusammenhängenden moralischen Fragwürdigkeit des eigenen Lebensstils leistet eine Marke wie BP dadurch eine *Entlastung* für das individuelle Gewissen in dem Sinne, dass sie durch Kommunikation, Produktgestaltung und ansprechende Vertriebswege die Umweltschäden sowohl bei der Erzeugung als auch während des Verbrauchs der eigenen Produkte übertüncht.

Wichtiger als der mit dem Vorwurf des Greenwashings verbundene schöne Schein der Marke scheint aber noch die symbolische Schutzfunktion des

Brands gegenüber der Konsumentenverantwortung zu sein. So wie man einst einen für den Erhalt und den Schadensfall verantwortlichen Gott des Erdbebens und der Stabilität benötigte, scheinen angesichts der eigenen Erdölabhängigkeit große Marken von Nutzen, indem sie die symbolische Verantwortung für den reibungslosen Erhalt wie auch die Schuld für die Auswirkungen der eigenen Lebensweise auf die Umwelt übernehmen. Im diesseitigen Umgang mit dem Ölgiganten ließe sich daher von einer stillen Übereinkunft der Marke mit ihren Kunden sprechen. Der erste Teil dieser unausgesprochenen Abmachung besteht darin, dass die Marke die moralische Verantwortung für eine Umweltkatastrophe wie die am Golf von Mexiko vollständig übernimmt. Der eigene auf fossilen Energieträgern basierende Lebensstil muss nicht infrage gestellt werden, weil wir auf Marken wie BP als Symbol des Raubbaus an der Natur und damit Ursache für den drohenden Klimawandel zeigen können. Angesichts des bestehenden Bedarfs an klimaschädlichen Rohölprodukten besteht die zweite unausgesprochene Abmachung darin, dass diese moralische Verantwortung in der Vorstellung der breiten Öffentlichkeit so folgenlos ist wie die eines griechischen Gottes. So wie *Poseidon* sowohl für Stabilität als auch für Erdbeben verantwortlich gemacht wird, nimmt man in Kauf, dass der für die eigene Energieversorgung zuständige Brand auch die Umweltverschmutzung verursacht. Das Wissen darüber führt allerdings heute genauso wenig wie vor Jahrtausenden dazu, sich von den Verantwortlichen abzuwenden. Vielmehr bedarf es dieser Entität, die als Symbol sowohl für den reibungslosen Ablauf der bestehenden Verhältnisse als auch für deren zerstörerische Nebenfolgen steht. Dabei stützt auch laute Kritik beispielsweise an BP diese Abmachung noch insofern, als sie die hierin zugewiesene Rolle des Energiegiganten unterstreicht, wie auch die *Entlastung* des individuellen Gewissen bestätigt. Eine nicht zu unterschätzende Belastung wäre es demgegenüber, die der Marke zugeschriebene Verantwortung für die durch den eigenen Konsum bedingten Umweltschäden selbst mit übernehmen zu müssen. Die Verantwortung an eine diesseitige, jenseits von Gut und Böse liegende Marke zu delegieren, können wir aus dieser Perspektive als eine in der modernen Lebenswelt notwendige Kulturtechnik verstehen, die das einzelne Individuum von den Zumutungen einer andauernden Reflexion über das eigene Konsumverhalten und damit das eigene Sein in der modernen Gesellschaft *entlastet*.

Mit Blick darauf erscheint BPs neuerliche Strategie einer auf umweltfreundliche und erneuerbare Energien abhebenden Kommunikationsstrategie schließlich nicht unbedingt nachvollziehbar. So könnte man sich auf den Standpunkt stellen, dass das Branding des Energieriesen wegen der andauernden Nachfrage an fossilen Brennstoffen zweitrangig und ein als unaufrichtiges Greenwashing empfundener Markenauftritt auch hinsichtlich der oben beschriebenen Symbolizität mehr Schaden als Gutes anrichtet. Allerdings kann man sich auch klarmachen, dass die stille Verabredung nur bei bestehender Nachfrage für das Produkt bestehen kann. Auch wenn die völlige Abkehr vom Öl noch in einiger Ferne liegen sollte, werden mit dieser Entwicklung die ausschließlich mit fossilen Energien identifizierten klassischen Ölkonzerne auch nicht mehr in ihrer symbolischen Funktion als Marke bestehen können. Angesichts dessen ist es für die zukünftige Stärke der Marke BP essenziell, trotz aller vorhersehbaren und berechtigten Kritik weiterhin auf eine Strategie zu setzen, die zwar mit einem neuen Slogan aber doch genauso wie vormals das Rebranding als *beyond petroleum* auf die Zeit nach dem Ende des bisherigen Geschäftsmodells abzielt.

Literatur

Bowen, K. J. (2005). Clients: BP. http://kjbowen.com/clients/bp/. Zugegriffen: 19. Dez. 2023.

BP. (16. Dezember 2023). https://en.wikipedia.org/wiki/BP. Zugegriffen: 19. Dez. 2023.

BP. (24. Juli 2020). Helios at 20. https://www.bp.com/en/global/corporate/news-and-insights/reimagining-energy/helios-at-20.html. Zugegriffen: 20. Dez. 2023.

BP p.l.c. (2020). Energy with purpose. BP Annual Report and Form 20-F 2019 [PDF]. https://www.bp.com/content/dam/bp/business-sites/en/global/corporate/pdfs/investors/bp-annual-report-and-form-20f-2019.pdf. Zugegriffen: 17. Juni 2023.

Brand Finance. (2020). Oil and gas 50 2019 ranking. https://brandirectory.com/rankings/oil-and-gas/2019. Zugegriffen: 19. Dez. 2023.

Brand Finance. (2023). Branddirectory OIL and GAS 50. 2023 ranking. https://brandirectory.com/rankings/oil-and-gas/table. Zugegriffen: 19. Dez. 2023.

Cottages, A. (3. Juli 2010). Beyond petroleum what a farce. https://www.prwatch.org/comment/9690#comment-9690. Zugegriffen: 20. Jan. 2024.

Cross, M. (25. Juli .2000). BP rebrands on a global scale. *The Guardian*. https://www.theguardian.com/business/2000/jul/25/bp. Zugegriffen: 20. Jan. 2023.

David, J. E. (22. April 2013). ‚Beyond Petroleum' No more? BP goes back to basics. https://www.cnbc.com/id/100647034. Zugegriffen: 20. Dez. 2023.

Deepwater Horizon. (19. November 2023). https://en.wikipedia.org/wiki/Deepwater_Horizon. Zugegriffen: 19. Dez. 2023.

Deepwater Horizon Explosion. (15. Dezember 2023). https://en.wikipedia.org/wiki/Deepwater_Horizon_explosion. Zugegriffen: 19. Dez. 2023.

Deepwater Horizon Oilspill. (2. Dezember 2023). https://en.wikipedia.org/wiki/Deepwater_Horizon_oil_spill. Zugegriffen: 19. Dez. 2023.

Democracy Now. (5. Mai 2010). BP funnels millions into lobbying to influence regulation and rebrand image, an Interview mit Antonia Juhasz. https://www.democracynow.org/2010/5/5/bp_funnels_millions_into_lobbying_to. Zugegriffen: 11 Juni 2023.

Farand, C. (29. Januar 2019). BP's first global advertising campaign since deepwater horizon accused of being ‚deceptive and hypocritical'' https://www.desmogblog.com/2019/01/29/bp-first-global-advertising-campaign-deepwater-horizon-accused-greenwashing-deceptive. Zugegriffen: 19. Dez. 2023.

Kudla, H. (2007). *Lexikon der lateinischen Zitate*. C.H. Beck.

Landor. (2015). Brand as a beacon of change. https://web.archive.org/web/20150929035511/https://landor.com/work/bp. Zugegriffen: 20. Dez. 2023.

Nastu, J. (15. Januar .2008). ‚Beyond petroleum' pays off For BP. https://www.environmentenergyleader.com/2008/01/beyond-petroleum-pays-off-for-bp/. Zugegriffen: 10. Jan. 2023.

Nietzsche, F. (1980ff). Sämtliche Werke. In von G. Colli & M. Montinari (hrsg.), *Kritische Studienausgabe in 15 B.d., herausgegeben DTV de Gruyter*. Zitiert als „KSA". – KSA 5: Jenseits von Gut und Böse. Zur Genealogie der Moral.

Ranking the Brands. (2023). BP. https://www.rankingthebrands.com/Brand-detail.aspx?brandID=132. Zugegriffen: 19. Dez. 2023.

Rao, L. (22. Juni 2010). Report: BP's brand value plunges by nearly $1 Billion. TechCrunch. https://techcrunch.com/2010/06/21/bp-brand-value/. Zugegriffen: 20. Jan. 2024.

Schept, K. (2019). BrandZ. Top 100 most valuable global brands 2019. https://www.anda.cl/wp-content/uploads/2020/04/BZ_Global_2019_WPP_compressedv2.pdf. Zugegriffen: 19. Dez. 2023.

Solnit, R. (23. August 2021). Big oil coined 'carbon footprints' to blame us for their greed. Keep them on the hook. https://www.theguardian.com/commentisfree/2021/aug/23/big-oil-coined-carbon-footprints-to-blame-us-for-their-greed-keep-them-on-the-hook. Zugegriffen: 20. Dez. 2023.

Statista. (2020). Dossier zum Thema BP p.l.c. https://de.statista.com/statistik/studie/id/20914/dokument/bp-plc-statista-dossier/. Zugegriffen: 20. Dez. 2023.

Sweney, M. (16. September 2010). BP falls out of index of top 100 brands after Deepwater Horizon oil spill. https://www.theguardian.com/media/2010/sep/16/apple-iphone-interbrand. Zugegriffen: 20. Dez. 2023.

The Guardian. (10. Juni 2010). In pictures: Greenpeace competition to redesign the BP logo. https://www.theguardian.com/environment/gallery/2010/jun/10/greenpeace-bp-logo-competition. Zugegriffen: 20. Dez. 2023.

7

Opel: Wer wir sind

Zusammenfassung Opel wurde lange Zeit als die Automarke der Facharbeiter und kleineren Angestellten wahrgenommen. Nachdem deren Lebenswelt und damit auch der Absatz der Marke Opel in Bedrängnis geriet, setzte der Autohersteller auf einen Imagewechsel, der die Frage nach der Identität der Marke neu beantworten sollte. Allerdings erscheint es bis heute ungewiss, wie weit man mit dem Mythos Opel noch für zeitgemäße Fahrzeuge begeistern kann. Dabei zeichnet sich beispielhaft ab, dass ein positiver Imagewechsel nur auf der Basis eines überzeugenden Umgangs mit der eigenen Identität möglich ist.

Eines der umstrittensten Theoreme in der Philosophie *Hegels* ist die schon früh in der Auseinandersetzung mit *Schelling* und *Fichte* auftauchende Rede von der „Identität der Identität und der Nichtidentität" (Hegel Werke, Bd. 2, S. 96). Diese Formulierung scheint in der Tat mit den Satz des Widerspruchs zu brechen, der da lautet, dass eine Aussage nicht gleichzeitig mit ihrer Verneinung angenommen werden darf. Allerdings geht es Hegel keineswegs darum, die Gesetze der zweiwertigen Logik außer Kraft zu setzen. Vielmehr verweist er hiermit darauf, dass die formal-logische Bestimmung von Identität nach der Manier „A ist identisch mit sich selbst", kurz „A = A", nichts über die Identität im Sinne des *Seins* von etwas sagen kann (vgl. Hegel Werke, Bd. 6, S. 41 ff.). Befriedigende Antworten zur Seinsfrage finden sich demgegenüber nur in der Identifikation einer Sache mit anderen Sachverhalten, die in diesem Sinne nicht mit ihr identisch sind. Diese geschieht beispielsweise dann, wenn wir die Frage „Was ist eine Rose?" nicht mit der formal wahren Aussage, also „Eine Rose ist eine Rose", sondern etwa mit der folgenden

© Der/die Autor(en), exklusiv lizenziert an Springer-Verlag GmbH, DE, ein Teil von Springer Nature 2024
S. Waller, *Marke und Mythos*, https://doi.org/10.1007/978-3-662-68583-9_7

Definition beantworten: „Eine Rose ist ein Exemplar der namensgebenden Pflanzengattung der Familie der Rosengewächse". Hegels Argumentation folgend wird hiermit die Identität durch Nichtidentität in der Weise „A ist B, C, D ..." bestimmt.

Hiervon ausgehend ist auch einsichtig, dass wir auch unser eigenes *Ich* nur mit nicht-identischen Begriffen beschreiben können. Ich bin nicht einfach nur *Ich,* sondern beispielsweise intelligent, fleißig, mutig, Mitglied im Schützenverein und vieles mehr. Auch lernen wir uns selbst hinsichtlich dieser und anderer Beschreibungen nur im Miteinander mit anderen Personen und damit tatsächlich aus dem Blickwinkel nichtidentischer Ichs kennen. Gut nachvollziehbar beschreibt *George Herbert Mead* diesen Zusammenhang über einhundert Jahre nach Hegel mit seinem Begriff von *self-consciousness* als Integral von „I" und „me":

> „The "I" is the response of the organism to the attitudes of the others; the "me" is the organized set of attitudes of others which one himself assumes." (Mead, 1934, S. 175).

Dieses Modell basiert seinerseits auf der Annahme der Identität von Identität und Nichtidentität, indem Selbstbewusstsein und Persönlichkeit darauf gründen, dass wir auf uns selbst sowohl aus der unmittelbaren Perspektive als Subjekt, „I", als auch der angenommenen Perspektive als Objekt für andere, „me", Bezug nehmen.

Analog zu dieser Bestimmung von Selbstbewusstsein stellt sich das Problem der Integration von externer und interner Perspektive auch für Frage nach der Identität von Marken, wie es ein Blick auf *Identitätsbasierte Markenführung* verdeutlicht (vgl. Burmann et al., 2012). Dieser Ansatz versteht sich als Synthese bisheriger Theorien des Brand Managements, die Marken entweder einseitig vom Markenimage oder von der Markenidentität her verstehen. Die Marke vom Image her zu verstehen, zielt demnach vom Wissen um die öffentliche Perspektive auf die Marke auf deren Verbesserung ab. Brand Management besteht damit wesentlich in der Aufgabe, das Image der Marke in der *externen* öffentlichen Wahrnehmung zu erkennen und Wissen darum die internen Prozesse zur Steuerung des Markenimages zu aktivieren. Demgegenüber stehen diejenigen Ansätze, die bei der Markenidentität beginnen, worunter sie alle aus der Institution des Markeneigentümers hervorgehenden Elemente einer Marke subsummieren. Hierzu zählen Produkt- und Markendesign genauso wie auch alle organisatorischen und ideellen Aspekte, die die Wahrnehmung der Marke aus der Perspektive der *internen Community* bestimmen. Die Aufgabe des Brand Managements besteht dann darin, bei den einzelnen Elementen der Markenidentität anzusetzen und das Markenimage ausgehend davon zu steuern. Der Einsicht folgend, dass bei der *Markenidentität* anzusetzen vielversprechend aber tendenziell genauso einseitig wie der Ansatz vom *Brand Image* her ist, hat sich mit der Identitätsbasierten Markenführung eine Position herausgebildet, die von der internen Perspektive der Markenidentität ausgehend auch die die Marke mit konstituierenden Elemente der äußeren Perspektive auf das Brand Image mit einbezieht.

Scheinbar wie bei Meads Rekonstruktion von Selbstbewusstsein wird die tatsächliche Identität der Marke hier als aus dem Wechselspiel der Identität, dem „I" der Innenperspektive und dem nichtidentischen „Me" der Außenperspektive hervorgehend verstanden. Bei genauerem Blick kann allerdings auch dieser Ansatz nur begrenzt Aufschluss über das Verständnis der Identität von Marken bieten. Zwar ist diese Einteilung richtig und nützlich, um die unterschiedlichen Perspektiven der unmittelbar in der Organisation der Marke beteiligten Menschen und der Öffentlichkeit kenntlich zu machen. Da es allerdings die Pointe des Meadschen „I" ist, dass dieses unmittelbar mit dem über sich selbst reflektierenden Bewusstsein verbunden ist, wäre es falsch, „Markenidentität" als die „interne Reflexion des eigenen Tuns" der institutionell an der Marke beteiligten Menschen zu beschreiben (Burmann et al., 2012, S. 28). Wohl geht die Community innerhalb der Organisation mit größerem Interesse, Engagement und Handlungsspielraum als die Öffentlichkeit mit der Marke um. Niemand der Beteiligten könnte allerdings von sich behaupten, dieses eine, über sich reflektierende Bewusstsein der Marke *selbst* zu sein. Vielmehr nimmt auch jeder einzelne der hier beteiligten Akteure eine subjektive Perspektive auf das Image der außerhalb seines eigenen Bewusstseins liegenden, in einem übertragenden Sinne als „Selbst" zu verstehende Identität der Marke ein. Da dieses eben nicht mit ihrem Selbstbewusstsein übereinstimmt, muss Markenidentität als eine dritte, sowohl von der Perspektive der Konsumenten als der internen Community unterschiedene Instanz verstanden werden. Man kann sich klarmachen, dass die Stärke großer Marken genau darin liegt, dass sich eine solche selbstständige, zwischen den Beteiligten stehende Markenidentität dauerhaft etabliert hat, auf die sich alle innerhalb und außerhalb der Organisation Stehenden als ein durch bestimmte äußere Insignien vermitteltes Selbst beziehen können. *Hans Domizlaff* spricht mit Bezug darauf von einer „Selbstständigkeit des Lebens von Marken, die ganz unabhängig vom kritischen Verstand der einzelnen Individuen weiterwachsen können" (Domizlaff, 1939/2005, S. 150).

Ein brauchbares Modell für Genese und Bedeutung einer solche Vorstellung von Markenidentität gibt der *Institutionsbegriff* Arnold Gehlens. Er beschreibt Institutionen als über längere Zeiträume entstandene und zur

Gewohnheit verfestigte Verhaltensweisen, deren Identität sich sowohl den intern als auch extern mit ihr in Kontakt stehenden Menschen durch bestimmte Bilder vermittelt. Dabei ist es für ihn von größter Wichtigkeit, dass diese Identifikation nicht durch zweckrationale Vorgänge entsteht. Vielmehr sind diese Bilder die Produkte der nicht rational organisierten menschlichen Fantasie und sie vermitteln bestimmte Vorstellungen, indem sie uns auf emotionaler Ebene treffen. Ein wichtiger Aspekt ist dabei, dass dieses Gefühl als Überhöhung und *Selbststeigerung* des einzelnen Menschen zu verstehen ist. Seit archaischen Zeiten hat sich die Identifikation mit diesen Zeichen des „Nicht-Ich" (Gehlen, 1950/1993, S. 496 f.) dem Menschen das Gefühl gegeben, über sich selbst hinaus zu wachsen (vgl. Waller, 2015, S. 55 f.).

Bemerkenswert auch für die Analyse von Marken ist, dass Gehlen dabei zwischen den durch die Identifikation mit Bildern hervorgerufenen Handlungsmotiven einerseits und den rationalen Zwecken einer Institution andererseits unterscheidet. Seiner grundlegend am Totemismus exemplifizierten Theorie zufolge ist institutionelles Handeln zwar einerseits mit bestimmten auf rationale Zwecke abzielende Handlungen verbunden. Im selben Moment aber müssen wir diese funktionalen Verhaltensweisen in ihrer Genese als Nebenprodukte von gruppenbezogenen Gewohnheiten verstehen, deren keineswegs zweckrational ausgerichtete Abläufe durch emotional aufgeladene Bilder motiviert werden. Dieser Analyse folgend hat der Totemismus beispielsweise dadurch die Tierzucht hervorgebracht, dass der an ganz anderen Motiven interessierte und am Bild des Tieres orientierte Ritus gewissermaßen nebenbei auch mit der Einhegung von Tieren einhergeht (vgl. Gehlen, 1950/1993, S. 475). Dieser Zusammenhang beschreibt eine Balance, in der sich Emotion und Zweckmäßigkeit gegeneinander stützen. Mit Blick darauf lässt sich aber auch sagen, dass, sofern soziale die rationalen Zwecke verloren gehen, auch die sie stabilisierenden, nichtrationalen emotionalen Motive verschwinden. Wer keine Tierzucht mehr betreibt, dem gehen demnach mit der überkommenen Lebensweise auch die darauf bezogenen emotionalen Motive und Bilder verloren.

Nicht nur der Umstand, dass auch Markenbildung wesentlich auf dem Unterschied von symbolischen und funktionalen Aspekten des Produkts beruht, legt die Verbindung zu den von Gehlen beschriebenen archaischen Verhaltensweisen nahe. Wenn wir beispielsweise Automobile der Marken *Jaguar* oder *Ferrari* kaufen, dann erinnert schon die Auswahl der animalischen Bildmotive an die mit Blick auf den Frühmenschen beschriebene Möglichkeit einer Trennung von Motiv und Zweck. Die bloß funktionale

Fortbewegung von A nach B ist Nebenprodukt der im Cockpit des Automobils tatsächlich vollzogenen emotionalen Verschmelzung des eigene Ich mit der Maschine und damit auch den Eigenschaften des modernen Totemtiers. Indem Automobile dergestalt Maschinen der physischen Ermächtigung des Einzelnen *par excellence* sind, übertrifft die emotionale Identifikation mit der Marke nicht nur bei den Modellen der Luxusklasse diejenige ihres funktionalen Wertes. Vielmehr spiegelt sich in den Präferenzen für bestimmte Automarken die emotionale Selbststeigerung und Gruppenzugehörigkeit des Einzelnen, die durch den Kauf des Fahrzeuges rückwirkend bestärkt werden.

Ein hierfür vielleicht erst auf den zweiten Blick einschlägiges Beispiel ist die Marke *Opel*, die noch bis vor ein paar Jahrzehnten eine herausragende Stellung in der Bundesrepublik inne hatte. Tatsächlich hat wohl keine Automarke in Deutschland die Gruppenzugehörigkeit einer gesellschaftlichen Schicht in dem Maße symbolisiert, wie dieses einmal bei der Marke Opel der Fall war. Die Marke spiegelte genauso den Stolz auf das Erreichte wie auch die Möglichkeit wider, es in der alten Bundesrepublik durch den eigenen Fleiß zu etwas bringen zu können. Der schwarze Opel-Blitz auf gelben Grund war dergestalt das *Nicht-Ich,* angesichts dessen das Selbstbewusstsein der unteren Mittelschicht über sich selbst hinauswuchs. Tatsächlich kann man die in der alten Bundesrepublik oft überspielten Klassenunterschiede an den Gruppen festmachen, die dazu ein eher affirmatives oder pejorativen Verhältnis hatten. *Helmut Kohl* wäre wohl nie mit einem Opel vorgefahren, und wenn die Wochenzeitung DIE ZEIT im Jahre 2020 berichtet, dass *Rudi Assauer* am Ende seines Lebens kaum mehr als ein „alter Opel" geblieben ist, dann unterstreicht sie damit auch, welcher sozialer Klasse und Lebenswelt der legendäre Schalke 04 Manager entstammte (vgl. Willek, 2020).

Als das Opel Logo mit der Neugestaltung im Jahre 1970 die bis heute bekannte Grundform eines an den Enden abgeflachten, in der Horizontalen liegend einen Kreis in derselbe Strichstärke durchmessenden Blitzes annimmt, befindet sich Opel inmitten seiner Hochphase. Aus dem Hause des sich schon seit der Weltwirtschaftskrise der frühen 1930er Jahre im Besitz des amerikanischen Autoriesen *General Motors* befindliche Autoherstellers stammen zu diesem Zeitpunkt rund 20 % der neu zugelassenen Pkw in Deutschland (Opel, 2023). Darin, dass die Marke mit kleineren Schwankungen von den frühen 1950er Jahren bis hinein in die frühen 1980er Jahre dieses Fünftel der Neuzulassungen abdeckt, zeigt sich ihre herausragende Bedeutung auf dem sich mit dem Wirtschaftswunder entwickelnden deutschen Automarkt (ebd.). Dabei kann die Marke in der Kernphase mit einer Produktpalette aufwarten, die mit den Kompaktwagen *Kadett* und

Ascona in der Mittelklasse beginnt und über *Rekord* in der oberen Mittelklasse, bis zu den KAD-Modellen *Kapitän*, *Admiral* und *Diplomat* in der Oberklasse das ganze Nachfragespektrum abdeckt (vgl. Hrachowy, 2017, S. 10 ff.). In dieser Phase hat sich die seit 1899 Autos produzierende Marke ein Image erarbeitet, das dem schon 1936 erstmals verwendeten Slogan „der Zuverlässige", später „geprüfte Zuverlässigkeit" in nichts nachsteht. Dabei sind die einfachen Modelle unaufgeregt und bieder und stehen für die deutsche Tugend hoher Qualitätsstandards. Andererseits tritt die DNA des Mutterkonzerns GM in den Modellen der oberen Mittelklasse und Oberklasse deutlich hervor, deren an amerikanische Straßenkreuzer erinnerndes Design eine durchaus mondäne Anmutung hat. Diese Prestigemodelle können zwar nicht mit dem immer schon saturierten Image und der technischen Leistung der die Oberklasse in Deutschland dominierenden Marke *Mercedes-Benz* mithalten und sind auch nicht besonders absatzstark. Trotzdem aber runden sie das Image von Opel als einer breit aufgestellten, vollwertigen Automarke ab, deren Mythos für soziale Sicherheit und den Traum vom sozialen Aufstieg steht (Hrachowy, 2017, S. 33).

Blickt man hiervon ausgehend auf die Gründe dafür, dass für Opel ab Anfang der 1980er Jahre ein Sinkflug beginnt, mit dem sie um die Jahrtausendwende auf nur 10 % und 2021 noch etwas über 6 % der Neuzulassungen in Deutschland kommt (Opel, 2023), dann scheinen diese eng mit der in diesen Jahren wachsenden Bedrohungen dieser Lebenswelt verbunden zu sein. Diese Entwicklung lässt sich *in nuce* so beschreiben, dass sich Opel in Reaktion auf die Ölkrise der frühen 70er Jahre und den Erfolg des *VW Golf* mit dem Ende der KAD-Reihe aus der Oberklasse verabschiedet und auf die darunter liegenden Segmente der Kleinwagen und Kompaktklasse konzentriert. Mit dieser Strategie kann sich Opel in den 1980er Jahren durchaus erfolgreich gegenüber der deutschen und japanischen Konkurrenz behaupten, und ist infolge modernisierter Fertigungen Ende des Jahrzehnts sogar der deutsche Autohersteller mit der höchsten Umsatzrendite (Hrachowy, 2017, S. 72). Höhere Rendite, die allerdings langfristig auf Kosten der Qualität gehen musste, verspricht auch die Politik der Preisvorgaben an Zulieferer des seit 1987 als Einkaufschef agierenden Managers *José Ignacio López de Arriortúa*. Dessen Sparkurs, sowie der mit der Umbenennung des Kadetts in Astra vollzogene Abschied von den an Marine-Graden orientierten Modellnamen und der schließlich mit der Einstellung des Omega vollzogenen Rückzugs aus der oberen Mittelklasse führen dazu, dass sich die Realität bei Opel im Verlauf der 90er Jahre in ein negatives Abbild seines vormaligen Markenimages verkehrt. Die Fahrzeuge weisen teils gravierende Mängel in der Verarbeitung auf, und der vormals in den Modellnamen und der

Spreizung in alle Preissegmente mitgedachte soziale Fahrstuhl bleibt in der unteren Mittelklasse stecken.

Parallel dazu zeigt die Situation der eigenen Belegschaft, dass das soziale Modell der alten Bundesrepublik in noch dramatischerer Weise ins Wanken geraten ist. So führen Qualitätsprobleme und sinkender Absatz, finanzielle Verpflichtungen gegenüber und Auseinandersetzungen mit dem Mutterkonzern GM, sowie Produktionsverlagerungen ins Ausland zu Stellenabbau und Werksschließungen. Dabei ist insbesondere die Schließung des für Opel zentralen Werks in Bochum im Jahre 2014 ein Menetekel. Diese Stadt im geographischen und emotionalen Zentrum der Lebenswelt des Industriefacharbeiters der Nachkriegszeit, dem Ruhrgebiet, steht jetzt nicht mehr für das Selbstbewusstsein deutscher Industriearbeiter im Allgemeinen und Opelaner im Besonderen, sondern für die Zumutungen des industriellen Strukturwandels in Zeiten der Globalisierung (vgl. Frenzel, 2012).

Dass Opel schon über Jahre vor dieser Schließung mit Berichten über Kürzung, Stellenabbau und Arbeitskampf nicht aus den Schlagzeilen kommt, legt die drastisch fallenden Absatzzahlen in Relation zu anderen Marken nahe. In den Schlachtruf „Wir sind Opel!" mag außerhalb der von Arbeitslosigkeit bedrohten Belegschaft des einstmaligen Stammwerks niemand mehr beherzt einstimmen. In der Tat hat die Marke inzwischen ein ausgesprochenes „Verliererimage" wie *Stefan Bratzel*, Direktor des Center of Automotive Management (CAM) an der Fachhochschule der Wirtschaft in Bergisch-Gladbach betont (Firlus, 2018). Dieses war allerdings entgegen den dort gemachten Ausführungen nicht „schon immer" so, sondern ist eine Begleiterscheinung der eben beschriebenen Umbrüche in der Arbeitswelt in den letzten Jahrzehnten. Auch weil die Situation von Opel und seinen Mitarbeitern die prekäre Lage widerspiegelt, von der sich viele Arbeiter und Angestellte bedroht fühlen, scheint es genau dieser Klientel schwer zu fallen, sich noch positiv mit der Marke zu identifizieren. Indem sie die riskante Situation der kleinen Leute widerspiegelt, ist die einstmals so stolze Marke damit geradezu infektiös für eine Schicht der Gesellschaft geworden, zu der sich niemand zugehörig fühlen möchte.

Demgegenüber können sich Traditionsmarken wie *Volkswagen* und *Audi* als Marken für diejenigen etablieren, die mit den sich verändernden Bedingungen des Mainstreams mithalten können oder gar den Sprung in eine höhere Klasse geschafft haben. Andererseits gewinnen Neuauflagen von Klassikern an Bedeutung, die auf den allgemeinen Trend zum Individualismus als Antwort auf die ins Schwimmen geratenen sozialen Strukturen der Spätmodernen setzen. An diesen Trend schließt sich Opel 2013 mit dem in Eisenach produzierten Kleinwagen „Adam" an. Der an den Firmengründer gleichen Namens erinnernde, gleichzeitig aber auf englisch [ˈædəm] auszusprechende Name des Modells stellt einen Neuanfang unter den Bedingungen der individualisierten und internationalisierten Spätmoderne dar. Der besondere Clou des Wagens im Retrodesign ist es dabei, in buchstäblich tausendfach unterschiedlicher, online erstellbarer Personalisierung in Ausstattung und Designelementen ausgeliefert zu werden. „Ein Auto. Tausend Möglichkeiten", so der dazugehörige Slogan.

So sehr dieses beliebte Modell an erfolgreiche Neuauflagen von Kleinstwagen wie den seit 2001 unter der Regie von BMW produzierten *Mini* und den *Fiat 500* von 2007 erinnert (vgl. Piper, 2012), unterscheidet er sich doch in einer Hinsicht entschieden von diesen: Es handelt sich hierbei eben nicht um die Neuauflage eines Klassikers, sondern eine Neuerfindung, die die eigene Geschichte mit einem Sprung in eine imaginierte Vergangenheit geradezu ungeschehen machen will. Man will gewissermaßen noch einmal ganz von vorne, buchstäblich beim ersten Menschen anfangen. Dass man dabei *en passant* unterschlägt, dass die Regie für das erste Auto von Opel nicht der Nähmaschinenfabrikanten Adam Opel, sondern nach dessen Tod seine Frau Sophie führte, erscheint als verpasste Chance für die Marke. Mit einer „Sophia" hätte eine andere, auf das neue Bewusstsein für Geschlechterrollen eingehende Perspektive auf der eigenen Vergangenheit eröffnet werden können. So aber bleibt der Eindruck eines durchaus beliebten Modells, dessen erfundenes Retrodesign allerdings hinter vergleichbaren Modellen zurückfällt und wohl erst durch den Stopp der Produktion im Jahre 2019 die Chance bekommt, als *Klassiker in spe* zu einem tatsächlichen Kult-Auto zu werden.

Die sich hierin zeigenden Probleme bei der Neupositionierung als Bruch mit der eigenen Geschichte spiegelt sich noch mehr in der kurz nach der Einführung des Adam startende Markenkampagne „Umparken im Kopf" von 2014 wider. Diese lässt den eben gemachten Neuanfang links liegen, geht ganz andere Wege und interpretiert das mangelnde Interesse an Opel als ein Missverständnis Seitens der potenziellen Käufer, welches zurechtgerückt werden muss. Diese von der Opel-Marketingchefin in Zusammenarbeit mit der Agentur *Scholz & Friends* konzipierte Kampagne möchte daher dazu bewegen, die gängigen Vorurteile gegenüber der Marke Opel zu überdenken und sich einzig von Design und technischer Qualität der Autos überzeugen zu lassen (vgl. Kröger, 2014). Dabei baut diese Kampagne auf der zutreffenden Bestimmung von Marke als eines *positiven Vorurteils* auf (vgl. Zschiesche & Errichiello, 2013, S. 38 ff.; ders., 2018, S. 22 ff.) – allerdings unter der Voraussetzung, dass dieses im Falle Opels inzwischen ins Negative umgeschlagen ist. In seiner Funktion als Markenbotschafter bringt

Jürgen Klopp den Ansatz der Kampagne auf einer Opel Händlertagung so auf den Punkt: „Dieses Vorurteil, dass man Opel nicht mehr fahren kann… das ist wichtig, dass man darauf hinweist, das ist Schnee von gestern." (Opel Deutschland, 2014). Der groß angelegte Werbefeldzug beginnt mit anonymen Plakaten, Internetbannern und Youtube-Filmen, die als Teaser auf gängige Fehlannahmen des Alltags hinweist, etwa „Wenn ein Stier Rot sieht, wird er aggressiv. Dabei sind Stiere farbenblind." Indem sich der Autohersteller später mit den Anzeigen „Ist Opel noch so, wie Sie denken?" als Absender der vorherigen Anzeigen zu erkennen gibt, wird eine Analogie zwischen diesen Fehlannahmen und den Vorurteilen gegenüber der Marke hergestellt (vgl. Scholz & Friends, 2020). In den parallel dazu geschalteten und als Reportagen aus dem Autocockpit gehaltenen Spots fahren TV-Prominente und Sternchen in einem Opel und gehen in ihren Testimonials anekdotenhaft auf das ihnen bisher geläufige schlechte Image der Marke als biederes Hosenträgerauto von minderer Qualität ein, um sich dann positiv von der Qualität des jeweiligen Autos überrascht zu zeigen.

So clever diese Kampagne auch eingefädelt ist, scheinen die Bezeichnung als „eine der erfolgreichsten Automobilkampagnen unserer Zeit" (Scholz & Friends, 2020), sowie die von der Agentur gewonnenen Preise, u. a. den Preis der Werbe- und Kommunikationsbranche für effiziente Markenkommunikation, *Effi*, nicht in jeder Hinsicht gerechtfertigt. Dieser Eindruck wird noch dadurch bestärkt, dass man von den meisten der mehr oder minder prominenten Protagonisten der Spots nicht wirklich annehmen würde, dass sie von sich aus auf einen Opel umsteigen würden. Vielmehr beschleicht einen das Gefühl, dass sie ihre tatsächliche Meinung zur Marke aktiv verleugnen, ohne diese aufgeben zu wollen. Die Marke Opel scheint für sie immer noch mit einem allgemeinen negativen Vorurteil verbunden, mit dem sie selbst nicht assoziiert werden wollen. Unter dieser Voraussetzung erscheint mehr noch als die in den Spots zum Ausdruck gebrachte Anerkennung die vermeintlich immer schon vorhandene Ablehnung oder gar Unkenntnis der Marke als gespielt. Niemand der *Thirtysomethings* erwähnt etwa, dass Opel im eigenen Herkunftsmilieu durchaus vertreten war, was man das angesichts des bis Ende der 1980er Jahre noch hohen Marktanteils von Opel wohl voraussetzen darf. Eine Erklärung dafür mag sein, dass der eigene soziale Aufstieg für sie nach wie vor damit einhergeht, sich nicht mehr mit dieser das Kleinbürgermilieu der eigenen Kindheit symbolisierenden Marke zu identifizieren. Der Opel fahrende Vater, Onkel, Großvater ist eine dem erfolgreichen Image abträgliche, schamvoll verschwiegene Privatsache. Umparken im Kopf führt so gesehen im besten Falle dazu, alles zu verdrängen, was die Marke Opel bisher für einen ausmachte.

Neben der zu erwartenden Wiederkehr des Verdrängten ist die Annahme äußerst fragwürdig, dass es einem die Konsumenten schuldig oder überhaupt dazu willig sind, aktiv an der Adjustierung ihrer Gedanken zu arbeiten. Auch hat man bei diesem Ansatz übersehen, dass die Identität einer Automarke nicht ausschließlich auf technische Details bauen kann. Wie oben mit Blick auf die Institutionsphilosophie Arnold Gehlens beschrieben, geht die Faszination von Automarken von dem glücklichen Zusammentreffen von emotionalen Motiven und zweckdienlicher Funktionalität hervor. Es geht in diesem Sinne eben nicht *nur* um Technik, die begeistert, sondern genauso darum, warum uns das emotional berührt.

Wollte man diese Kampagne und die Einführung des 2019 schon wieder eingestellten Opel Adam auf einen Nenner bringen, dann würde problematischer Neuanfang wohl am besten passen, was als Schlagwort zunächst auch auf den Verkauf der Marke Opel an den französischen Autohersteller PSA im Jahre 2017 widerspiegelt. Man kann aber auch sagen, dass dieser Bruch mit der Tradition in der Hinsicht ein Segen ist, dass sich die Marke ein von den negativen Aspekten der eigenen Geschichte befreit hat. Als Teil eines erfolgreichen europäischen Autoherstellers konnte man das prekäre Image der jüngeren Vergangenheit auch ein Stück weit hinter sich lassen. Zwar änderten sich auch diese Verhältnisse bald wieder, und nachdem PSA seinerseits den Besitzer gewechselt hat, ist Opel seit 2021 Teil der *Stellantis Group*. Allerdings kann man auch angesichts dessen vorsichtig optimistisch sein, da der Autohersteller in Deutschland wieder signifikante Marktanteilsgewinne um fast 1,2 Prozentpunkte auf etwa 6,2 % erreicht, wobei der *Opel Corsa* 2021 und 2022 der meistverkauften Kleinwagen in Deutschland ist (vgl. Opel, 2021).

Das markante äußere Merkmal der jüngsten Entwicklungen von Opel ist ein Relaunch des Corporate Designs im Jahre 2023, das neben der Einführung einer neuem Hausschrift und einem neuen leuchtenden Opel-Gelb durch eine neue Interpretation des Logos gekennzeichnet ist. Das bisherige, durchgängige Blitzsymbol im Zentrum eines Kreises wurde durch zwei spitz zulaufende, voneinander getrennte Trapeze ersetzt, die übereinanderstehend das neue Signet formen. Der damit dynamischer erscheinende Markenauftritt soll den Schritt in Richtung der Elektrifizierung der gesamten Fahrzeugflotte von Opel bis 2028 symbolisieren. Ob man sich der Meinung anschließen mag, dass diese Neugestaltung überflüssig ist, sei dahingestellt (vgl. Foley, 2023). Unübersehbar weisen die beiden nun voneinander getrennten Enden des Bitzes allerdings wiederum auf einen forcierten Bruch mit der Vergangenheit und damit den erneuten Willen hin, noch einmal von vorne anzufangen. Für die Kraft der Marke wird es darauf ankommen, wie tief dieser graphisch antizipierte Abschied von der Vergangenheit geht. Die

Vermutung liegt nahe, dass ein wirklicher Neustart nicht in völliger Abkehr, sondern nur im Rückgriff auf nichtidentische Prädikate der Marke Opel und ihrer Geschichte dadurch gelingen kann, dass man positiv beantwortet, was Opel einmal für seine Käufer war und wie die Marke dieses in Zukunft weiterhin – aber anders – sein kann.

Literatur

Burmann, C. & Halaszovich, T. & Hemmann, F. (2012). *Identitätsbasierte Markenfüh-rung. Grundlagen – Strategie – Umsetzung – Controlling.* Wiesbaden: Springer Fachmedien.
Domizlaff, H. (2005). Die Gewinnung des öffentlichen Vertrauens. *Hamburg: Marketing Journal.* Gesellschaft für angewandtes Marketing mbH. (Originalwerk veröffentlicht 1939).
Firlus, Thorsten. (2018). Warum das Ende des Adam ein Problem werden könnte. https://www.wiwo.de/unternehmen/industrie/opel-stoppt-produktion-warum-das-ende-des-adam-ein-problem-werden-koennte/22997886.html. Zugegriffen: 20. Dez .2023.
Foley, J. (28. Juni 2023). The new Opel logo feels kind of... unnecessary? Creative Bloq.. https://www.creativebloq.com/news/opel-logo%60%60. Zugegriffen: 20. Dez. 2023
Frenzel, V. (14. Dezember 2012). Opel-Werk. Auslaufmodell Bochum. Der Tagesspiegel. https://www.tagesspiegel.de/wirtschaft/opel-werk-auslaufmodell-bochum/7518448-all.html. Zugegriffen: 20. Dez. 2023.
Gehlen, A. (1993). *Der Mensch.* Seine Natur und seine Stellung in der Welt. In ders. Gesamtausgabe, Bd. 3.1, herausgegeben von K.-S. Rehberg. Frankfurt am Main: Vittorio Klostermann. (Originalwerk veröffentlicht 1950).
Hegel, G. W. F. (1986). *Werke in 20 Bänden* (1. Aufl.). Suhrkamp Verlag. – Hegel Werke, Bd. 2: Jenaer Schriften 1801–1807. – Hegel Werke, Bd. 6: Wissenschaft der Logik II. Erster Teil. Die objektive Logik. Zweites Buch. Zweiter Teil. Die subjektive Logik.
Hrachowy, F. O. (2017). *Opel. Chronik eines Kampfes. Die Geschichte der Automarke seit 1970.* Verlag Edition Technikgeschichte.
Kröger, M. (27. Februar 2014). Opels Schrei nach Anerkennung. https://www.spiegel.de/wirtschaft/unternehmen/umparkenimkopf-de-opel-offenbar-urheber-der-kampagne-a-955843.html. Zugegriffen: 20. Dez. 2023.
Mead, G. H. (1934). *Mind self and society.* University of Chicago Press.
Opel. (18. Dezember 2023). https://de.wikipedia.org/wiki/Opel. Zugegriffen: 20. Dez. 2023.
Opel. (5. Januar 2022). Opel gewinnt 2021 deutlich Marktanteile in Deutschland. https://www.media.stellantis.com/de-de/opel/press/opel-gewinnt-2021-deutlich-marktanteile-in-deutschland?adobe_mc_ref=. Zugegriffen: 20. Dez. 2023.

Opel Deutschland. (13. März 2014). Umparken im Kopf mit Jürgen Klopp. YouTube. https://www.youtube.com/watch?v=2Ap2g8__KU&t=4s. Zugegriffen: 20. Dez. 2023.

Piper, G. (7. November 2012). Der Opel Adam spielt mit den Farben. Hannoversche Allgemeine Zeitung. https://www.haz.de/Mehr/Auto-Verkehr/Uebersicht/Der-Opel-Adam-spielt-mit-den-Farben. Zugegriffen: 23. Dez. 2023.

Scholz & Friends. (2020). UMPARKEN IM KOPF: Das Comeback von Opel: Eine der erfolgreichsten Automobilkampagnen unserer Zeit. https://web.archive.org/web/20210730163526/http://s-f.com:80/arbeiten/case/opel-umparken-im-kopf/. Zugegriffen: 20. Dez. 2023.

Willek, S. (12. August 2020). Rudi Assauer. Wo ist sein Geld geblieben? Die Zeit. https://www.zeit.de/2020/34/rudi-assauer-demenz-vermoegen-fc-schalke-04. Zugegriffen: 15. Aug. 2023.

Zschiesche, A., & Errichiello, O. (2013). *Marke ohne Mythos*. GABAL Verlag.

Zschiesche, A., & Errichiello, O. (2018). *Marke statt Meinung*. GABAL Verlag.

8

Beyond Meat: Was wir essen sollen

Zusammenfassung Die Sorge um das Tierwohl, Umweltbelastung und Klimaschädlichkeit der konventionellen Landwirtschaft macht Alternativen zum Fleischkonsum zu einem wichtigen Thema unserer Zeit. Dass sich weite Teile der Gesellschaft wohl auf absehbare Zeit nicht im klassischen Sinne vegetarisch ernähren werden, bedeutet nicht, dass sie fleischlosen Alternativen völlig ablehnend gegenüberstünden. Hierauf zielen Marken wie Beyond Meat ab, die ästhetisch und geschmacklich mit Fleisch vergleichbare Produkte auf pflanzlicher Basis herstellen. Angesichts ihres Branding stellt sich allerdings die Frage danach, wie man eine Fleischalternative auch jenseits des progressiven Milieus positioniert.

Der in den Siebzigerjahren in den deutschen Kinos unter dem Titel *Brust oder Keule* laufende Film *L'aile ou la cuisse* von *Claude* Zidi (1976) ist nicht nur aufgrund der komödiantischen Leistungen von *Louis de Funès* und *Colouche* in ihren Rollen als Vater und Sohn *Charles* und *Gérard Duchemin* bemerkenswert. Einen besonderen Reiz für die in den späten 1970er Jahren aufwachsende Generation erzeugt überdies die grotesk futuristische Darstellung künstlicher Lebensmittelproduktion in der Fabrik des Bösewichts *Jacques Trikatell*. Begleitet von de Funès ikonischem „Oh!" und „Ah!" werden wir Zeugen, wie dort abgepackte Fische und küchenfertige Hühner entstehen, indem eine künstliche Teigmasse auf vorgefertigte Plastikskelette und Greten gespritzt, in Form gepresst und eingefärbt wird. Salatblätter werden aus einem fortlaufenden Gummiband gestanzt und zu Köpfen zusammengefasst. Chemische Prozesse synthetisieren Petroleum zu rotgefärbten Fleischstücken.

Indem der Plot der Komödie die französische Cousine mit der amerikanisch-kapitalistisch geprägte Produktionsweise vergleicht, wird die industriell erzeugte Alternative zum traditionellen Fleischverzehr als unnatürlich und ungesund dargestellt. Im Mittelpunkt stehen dabei Motive, die auch als die „4 N Argumente" bekannt, statistisch am häufigsten von Fleischessern als Gründe für dessen Verzehr in Stellung gebracht werden: „Eating meat is natural, normal, necessary, and nice." (vgl. Piazza et al., 2015). Diese ungebrochen positive Einstellung zu traditionellen Verzehrgewohnheiten mag dem Zeitgeist der 1970er Jahre geschuldet sein, in denen die Kritik an herkömmlicher Lebensmittelproduktion noch ein gesellschaftliches Randphänomen ist. Dabei wäre es wohl auch einem Komiker von Rang wie Louis de Funès schwergefallen, sich über die synthetische Herstellung von Lebensmitteln lustig zu machen, hätte er diese nicht dem Feinschmeckerlokal, sondern der Fleischproduktion gegenübergestellt, wie sie damals wie heute in aller Welt in modernen Mastbetrieben stattfindet. Wer darum weiß, welche Qual die Mast für fühlende Wesen bedeutet, und wer zudem versteht, dass die Klimakatastrophe, auf die wir sehenden Auges zusteuern, auch durch stetig wachsenden Fleischkonsum bedingt ist, dem sollte nicht nur der Appetit auf Brust oder Keule längst vergangen sein. Für diese Person sollte es eine moralische Pflicht sein, auf Fleischkonsum gänzlich zu verzichten.

Tatsächlich lässt sich an diesem *Sollen* eines der größten Probleme der Moralphilosophie aufzeigen, das darin besteht, dass die Motivation für ein moralisches Handeln nicht unbedingt mit der Erkenntnis des Richtigen und Guten korreliert. Menschen sind, allgemein gesprochen, sehr gut darin, Missstände zu erkennen, aber weniger gut darin, der eigenen Einsicht insbesondere dann zu folgen, wenn es um Einschränkungen in der eigenen Lebensführung geht.

Eben dieses Problem der Motivation zum guten Handeln steht im Mittelpunkt der auch im Kontext der Debatte um den Verzehr von Fleisch relevanten kantischen Moralphilosophie. *Immanuel Kant* geht genauso von der Möglichkeit einer vor jeder Erfahrung liegenden apriorischen Erkenntnis des guten Handelns aus, wie er meint, dass eben diese Erkenntnis die Motivation für die Umsetzung des Erkannten gleich mitbringt: „Pflicht ist die Notwendigkeit einer Handlung aus Achtung fürs Gesetz." (Kant, 1785, AA IV, S. 400). Wer seine moralische Pflicht erkennt, den soll sie durch ein intellektuell bedingtes *Gefühl der Achtung* dazu motivieren können, das Handeln nach ihr auszurichten (vgl. Goy, 2007; Recki, 2006).

Ohne an dieser Stelle eine an Kant orientierte deontologische Rechtfertigung für Vegetarismus diskutieren zu wollen, sind unsere Essensgewohnheiten ein passendes Beispiel dafür, dass auch die intellektuelle Einsicht in die moralische Dimension eines Handelns aus Pflicht nicht unbedingt zu ethisch einwandfreiem Handeln führt. Es gibt keine Statistiken zum Thema Kantianismus und Vegetarismus. Der Autor dieser Zeilen ist zumindest ein empirischer Beleg dafür, dass Essgewohnheiten und intellektuelle Einsicht in den kategorischen Imperativ nicht miteinander korrelieren müssen. So zählt er sich zu denjenigen, die wie etwa auch der Philosoph und Public Intellectual *Sam Harris* keine vernünftige moralische Rechtfertigung für den Verzehr von Tieren angeben können, aber trotzdem nicht zum Vegetarismus übergegangen sind (vgl. Leenaert, 2014). Dieser Befund ist ob seiner Inkonsequenz offenkundig beschämend für einen intelligenten Menschen; überdies ist diese Haltung aus kantischer Sicht *unmoralisch*. Aus dessen Perspektive lässt sich die Welt einerseits in solcherlei schwache Immoralisten einteilen, die nicht aus mangelnder Einsicht, sondern bewusster Kapitulation vor ihren Neigungen den Entschluss zum moralisch Richtigen nicht fassen können. Demgegenüber stehen moralische Menschen, die mit Erkenntniskraft und einer besonderen Empfindsamkeit für moralische Pflicht ausgestattet sind, auf Grund derer sie in diesem Falle auch die Willenskraft aufbringen, tatsächlich vegan oder zumindest doch vegetarisch zu leben.

Ihrem Gewissen folgend werden sie sich möglicherweise auch dazu verpflichtet sehen, die Fraktion der Ignoranten und Willensschwachen durch Aufklärungsarbeit zu einer Umkehr zu bewegen. Awareness-Kampagnen, die wie beispielsweise von der Tierschutzorganisation *Peta* im Jahre 2019 mit dem Argument „Fleisch essen tötet mehr Tiere, als Du denkst" Aufmerksamkeit auf den Zusammenhang zwischen Fleischkonsum und der Zerstörung des Regenwaldes lenken, stehen für diese konsequente Haltung (vgl. Ried, 2019). Geradezu spektakulär werden in dieser Kampagne die Masttiere selbst als Räuber in Szene gesetzt, die entgegen ihrer eigentlichen Ernährungsgewohnheiten Wildtiere reißen, um sich an ihrem Fleisch zu laben. So visuell überraschend und inhaltlich überzeugend das Problem der Vernichtung von natürlichen Lebensräumen durch die industrielle Fleischproduktion auch dargestellt wird, liegt dennoch die Vermutung nahe, dass die Kampagne zwar zum Umdenken, nicht aber zu einem tatsächlichen Handeln bewegt. Man ist beeindruckt und denkt vielleicht neu über den Zusammenhang von Tierhaltung und Umweltzerstörung nach, ändert vor dem Hintergrund dieser Erkenntnis aber nicht unbedingt die eigene Lebensführung.

Natürlich ist das hierin durchscheinende Problem der fehlenden Motivation durch bloße Einsicht schon lange im philosophischen Diskurs bekannt. Der Begründer dieser Perspektive ist *David Hume,* der historisch schon vor Kant in Ablehnung rationalistischer Ansätze die vorrangige Rolle der

Emotion vor der Vernunft betont: „Reason is, and ought only to be the slave of the passions, and can never pretend to any other office than to serve and obey them." (Hume, 1739–40/1978, T 2.3.3.4, SBN 415). Mit der in dieser Form oft zitierten Erkenntnis geht Hume von einer grundlegenden Motivation der Menschen aus, seinen Neigungen zu folgen – und schließt daraus, dass unser intellektueller Apparat auch genau darauf eingestellt ist. Das Nachdenken dient demnach dazu, unsere emotionalen Motive in die Praxis umzusetzen, und nicht dazu, die Motivation für bestimmte Handlungen zu erzeugen. Man konnte dieser Einsicht dann später mit kritischem Blick auf Kant hinzufügen, dass es dieses auch nicht durch die Erkenntnis von Imperativen der Vernunft tun kann, die sich als Pflicht zwischen Neigung und Handeln stellen.

Ganz im Gegenteil geht die Verwendung des Verstandes häufig damit einher, eine bereits bestehende Passion mit rationalen Argumenten zu rechtfertigen. Auch die erwähnte Argumentationsreihe der 4 N des Fleischkonsums scheint in einer Art und Weise strukturiert zu sein, dass das Verlangen nach Fleisch das Erste und das jeweilige Argument das nachgeschobene Zweite ist. So verstanden stehen diese oberflächlich rational erscheinenden Argumente dem mythischen Denken nahe, weil sie die eigene Vorliebe in eine emotional eingefärbte Erzählung von Natürlichkeit, gesellschaftliche Normen, die Sorge um die eigene Gesundheit und den Beitrag für die allgemeine Zufriedenheit einspinnt. Man mag Fleisch essen und legt nicht zuletzt aus Scham vor der damit einhergehenden Inkaufnahme von Gewalt an Tieren eine das eigene Handeln rechtfertigende, rationalisierende Erzählung vor. Vor diesem Hintergrund wird deutlich, dass das Vorhaben, Konsumenten zu einer sowohl dem Tierwohl als auch der Umwelt zuträglicheren Ernährungsweise zu bewegen, nicht bei einem Umdenken durch Argumente, sondern bei einer emotionalen Schubumkehr ansetzen muss. Den Menschen muss kein besseres Wissen vermittelt oder gar ein schlechtes Gewissen gemacht werden – es geht vielmehr darum, dass sie wirkliche *Lust* darauf bekommen, alternative Produkte anstelle von Fleisch zu verzehren.

Als *Beyond Meat* im Mai 2019 sein IPO an der New Yorker Börse macht, handelt es sich nicht nur um den ersten Börsengang eines Herstellers von Analogfleisch auf rein pflanzlicher Basis; es ist auch einer der erfolgreichsten Börsenstarts seit dem Jahr 2000 (vgl. Market Watch, 2019). Die 2009 von *Ethan Brown* gegründete Firma reiht sich damit in die Reihe disruptiver Newcomer wie *Uber* oder *Tesla* ein, denen zu Beginn des 21. Jahrhunderts zugetraut wird, einen bestehenden Markt völlig neu zu ordnen. Der unerwartet hohe Kurszuwachs am ersten Handelstag von Beyond Meat lässt sich dann auch mit der Erwartung an das Unternehmen nachvollziehen, die etablierte Fleischindustrie aufzumischen. Diese Vermutung stützt sich im Wesentlichen darauf, dass im Gegensatz zu klassischen vegetarischen Alternativen alles an dem Produkt darauf ausgerichtet ist, den Unterschied zu wirklichem Fleisch zu minimieren. Beim Verzehr von Beyond Meat soll dem Konsumenten durch möglichst wenig *friction* nicht bewusstwerden, es mit etwas anderem als echtem Fleisch zu tun zu haben.

Dieses Ziel ist auch für ein sich einzig mit diesem Problem beschäftigendes Unternehmen nicht einfach zu erreichen. Dies zeigt sich an den ab 2012 in Supermärkten erhältlichen, aber nur mäßig außerhalb der veganen Community erfolgreichen *Chicken Strips* von Beyond Meat, die schon 2019 wieder aus Supermarktregalen verschwinden (vgl. Andrews, 2019). Erfolgreicher als dieses Angebot sind die aus Hülsenfrüchten, pflanzlichen Fetten, Kartoffeln und Rote Beete bestehenden *Beyond-Burger* die eine sowohl im Geschmack als auch in der Konsistenz eine akzeptable Alternative zu Rindfleisch bieten (vgl. Beyond Meat, 2023a). Derzeit vertreibt Beyond Meat Analogfleisch in verschiedenen Formen, dessen rote Färbung durch eine eindrucksvolle Mimikry aus Rote-Beete-Blut erreicht wird, sowie neue Versionen von Hühnerfleisch, unter anderem in Form von panierten Stücken (vgl. Beyond Meat, 2023b). Neben den in Supermärkten und direkt über die Webseite an den Endverbraucher vermarkteten Produkten ist Beyond Meat auch Kooperationen mit Fastfood-Ketten eingegangen, die gemeinsame Kreationen in ihren Restaurants anbieten. Eine der neueren Kooperationen ist *Beyond Fried Chicken,* die die Schnellrestaurantkette *Kentucky Fried Chicken* 2022 als vegane Alternative zu frittiertem Huhn in ihr Programm aufnimmt (vgl. Lucas & Rogers, 2022).

Beyod Meat ist allerdings nicht die einzige Marke, die sich die perfekte Nachahmung von Fleisch zum Ziel gesetzt hat. Neben anderen Anbietern von Fleischalternativen beschreitet das 2011 unter dem Namen Hampton Creek gegründete Unternehmen *Eat Just* einen anderen Weg zum neuen Chicken Nugget. Dessen Produkte fokussieren zunächst auf Alternativen zum Gebrauch von Eiern. Großen Erfolg beschert das rein pflanzliche Rührei mit dem Markennamen *Just Egg,* das Geschmack und Konsistenz auf der Basis von Mungobohnen simuliert. Der Unternehmensgründer Josh Tetrick wiederholt häufig die Erzählung von seinem Weg zum erfolgreichen CEO eines Unternehmens, das noch vor einer möglichen IPO mit einem möglichen Volumen von 3 Mrd. US$ bewertet wird (vgl. Yu, 2021). Seine Heldengeschichte handelt von einem jungen Mann mit weniger als 3000 US$ auf dem Konto, aber dem festen Willen, ohne eigene wissenschaftliche Expertise ein Unternehmen zu gründen, das lebendige Tiere überflüssig für die Produktion von Lebensmitteln macht (vgl. CNBC International, 2021).

Investoren und angestellte Lebensmitteltechniker helfen ihm dabei, „aus tausenden von Proben, die Hunderte von Pflanzenarten repräsentieren, eine zu finden, die auf magische Weise wie ein Ei rührt." (Just Egg, 2023). Nicht nur von Kennern des Unternehmens wird allerdings bemerkt, dass diese Suche vielleicht weniger aufwändig und das Problem relativ einfach zu lösen war, da es leicht in herkömmlichen veganen Kochbüchern recherchierbar ist. Allerdings ist bei aller Kritik an vollmundigen Behauptungen des Start-up-Gründers anzuerkennen, veganes Rührei für diejenigen attraktiv gemacht zu haben, die nicht bereits von sich aus auf vegane Ernährung eingestellt sind – und die nach Angaben des Unternehmens mit einem Volumen von schon über 100 Mio. ersetzten Eiern ein für sie passendes Analogon gefunden haben:

"We Make Our Eggs Right from the Earth – from Plants. With the #JUSTEgg Equivalent of 100 Million Eggs Sold, This Adds up to Real Savings for Our Environment. So We Want to Thank Our Planet, and to Thank You, for Getting Us to This Milestone toward Building a Better Food System." (@justegg, 2021).

Auf einer ebenfalls nicht gänzlich vom Unternehmen selbst entwickelten Technik basiert auch das andere, noch deutlicher in Richtung einer Revolution des Fleischkonsums verweisende Produkt von Eat Just. Unter dem Markennamen *Good Meat* vermarktet das Unternehmen aus Stammzellen gewonnene und in einer Nährflüssigkeit kultivierte weiße Fleischstücke, die alle wesentlichen Eigenschaften mit Hühnerfleisch teilen, außer der Notwendigkeit, ein individuelles Huhn für die Herstellung zu schlachten. Zusätzlich zu diesem bemerkenswerten Umstand der Schonung von Tieren bringt der Hersteller die Entlastung der Umwelt durch die Verlagerung der Fleischproduktion in die Fabrik und damit einhergehend als Argument für sein Produkt in Anschlag, dass dieses Fleisch keine aus der Tierhaltung stammenden Krankheitserreger übertragen kann (vgl. Chriki & Hocquette, 2020).

Über diese Argumentation lässt sich jedoch trefflich streiten. So unterliegt nicht nur Hühnerfleisch einer sehr strengen gesundheitlichen Kontrolle, die Krankheitsübertragungen unwahrscheinlich macht. Auch wissen wir noch sehr wenig über die Folgen von kultiviertem Fleisch auf die Gesundheit. Auch ist derzeit noch ein von geschlachteten Kälbern gewonnenes fötales Kälberserum (fetal bovine serum, FBS) für die Nährflüssigkeit unerlässlich. Bisher macht kultiviertes Hühnerfleisch die Schlachtung von Tieren also nicht überflüssig, sondern ist eine Lösung, bei der sich das Verhältnis von individueller Tötung zu erzeugtem Fleisch zugunsten der Tiere verschiebt.

Entsprechend ist es auch nicht der ultimative Tierschutz oder überhaupt das Interesse an vegetarischer Ernährung, sondern die mögliche Effizienz bei der Fleischproduktion, weshalb Singapur im Jahr 2020 eine Lizenz an Good Meat vergibt, die es 2021 noch erweitert (vgl. Business Wire, 2021). Diese Erlaubnis zum Vertrieb des künstlich erzeugten Fleischs ist die erste ihrer Art weltweit und zugleich ein Baustein des Stadtstaates, langfristig von Lebensmittelimporten unabhängig zu werden. Sofern die bisher vorliegenden Berichte aus Singapur zutreffen, ist die Nähe zum Original so überzeugend, dass sich beim Verzehr im Restaurant keine Unterschiede zu Hühnerfleisch von einem lebenden Huhn feststellen ließen (vgl. TRT World, 2020). Eat Just ist damit ein Vorbild für eine Reihe anderer Unternehmen, die, wie *Upside Food in* Kalifornien, mit der modernsten Anlage der Welt seit 2023 kultiviertes Fleisch in den USA produzieren. Kultiviertes Fleisch ist nach den Vorstellungen dieses und vieler anderer Unternehmens unerlässlich, um die Fleischversorgung der noch bis Mitte des 21. Jahrhunderts anwachsenden Weltbevölkerung sicherzustellen (vgl. Upside Foods, 2023).

Zusammengefasst kann man sich das Ziel der hier exemplarisch vorgestellten Marken nicht groß genug vorstellen – es geht ihnen um nicht weniger als die Rettung der Welt. So auch die Strategie bei ihrem Branding: Sie stellen die Ununterscheidbarkeit zwischen dem jeweiligen Produkt und dem richtigen, vom Tier stammenden Fleisch heraus und betonen den moralischen Mehrwert des Produkts. So ist es einerseits Thema in einer ganzen Reihe von direkt vom jeweiligen Hersteller oder von anderer Seite produzierten Videos, in denen Menschen ihre Verblüffung darüber zum Ausdruck bringen, gerade eine Fleischalternative konsumiert zu haben (vgl. HiHo Kids., 2019). Kindern wird in dieser Hinsicht ein besonders unbestechliches Urteil zugetraut, aber auch Restaurantbesucher in Singapur bis hin zu Persönlichkeiten des öffentlichen Lebens wie *Bill Gates* bezeugen Überraschung über die Qualität des jeweiligen Produkts (vgl. Mark Rober, 2020). Andererseits soll der Kunde auch genau wissen, dass es sich um ein dem Tierwohl und der Umwelt zuträgliches Fleisch handelt, indem die Hersteller diesen Unterschied zu Fleisch in Branding und Markenkommunikation als positives Merkmal herausstellen. So signalisieren Markennamen wie *Just Food, Good Meat* und *Beyond Meat,* dass die Produkte über das Fleischzeitalter hinausgehen und eine einwandfreie, gesunde und moralisch gerechtfertigte Ernährung ermöglichen.

Die Markenkampagne von Beyond Meat setzt dabei auf Testimonials von Konsumenten mit multiethnischem Hintergrund, die gemeinsam mit dem bekannten Rapper *Snoop Dogg* unter dem Slogan „go beyond" berichten, wie jeder sich selbst und die Welt durch die Umstellung auf eine vegane

Ernährung verbessern kann (vgl. Beyond Meat. Why go Beyond, 2020). In anderen seriellen Spots in derselben warmen Tonalität und unterlegt mit optimistisch bedeutungsvollen Klängen beschreiben Beyond Ambassadors wie die Basketballspieler *Kyrie Irving* und *Chris Paul* ihre Erlebnisse und Gedanken über eine bessere Welt und gute Ernährung. Nicht zu übersehen ist, dass sich alle Spots mit Phrasen wie „Making an impact", „Teaching people what I have learned", „Making a difference" und „Making a change" an einer Vielzahl generischer Spots erinnern, die für soziale Zwecke, faszinierende neue technische Produkte oder für eine andere Politik werben (vgl. Dissolve, 2014). Als Beispiel dafür sei etwa der Spot „The Courage to Change" von Alexandria Ocasio-Cortez (2018) genannt. Auch Good Meat folgt einer sehr ähnlichen, etwas mehr eine auf didaktische Impulse ausgerichtete Strategie, indem der Webauftritt www.goodmeat.co an eine Umweltschutzorganisation erinnert, die ihr Anliegen in aller Dringlichkeit vorbringt. Durch einen hohen Anteil von schwarzen Flächen und reduzierter Typografie vermittelt die visuelle Gestaltung der Webseite von Good Meat wie beispielsweise auch das Packaging von Beyond Meat überdies das Gefühl hochwertiger Produkte an der Grenze zum Luxus.

Zusammenfassend wird deutlich, dass diese und viele andere Hersteller von Fleischalternativen vor allem diejenigen relativ wohlhabenden Konsumenten ansprechen wollen, die intellektuell schon darauf eingestellt sind, auf eine für Umwelt und Tierwohl bessere Ernährung umzustellen, bisher aber noch nicht für einen Umstieg bereit waren. Diese Konsumenten sollen gerade nicht durch intellektuelle Einsicht in das Gute, sondern dadurch motiviert werden, dass es eine ihrer Neigung zum Fleischverzehr entsprechende Möglichkeit gibt, die ethisches Handeln ohne besondere Anstrengungen oder Verzicht möglich macht. Im Marketing von Good Meat heißt es entsprechend: „Meat without deforestation. Meat without slaughter. Meat without limits." (Good Meat, 2022).

Wenig motivierend wirken diese Markenstrategien allerdings auf diejenigen, die dem eigenen Fleischverzehr bisher unhinterfragt positiv gegenüberstehen. Ein in seiner Dramatik eindrucksvolles Beispiel liefert die Besprechung der KFC Beyond Fried Chicken in der Show *The Five* des TV-Senders *Fox News* (Best of The Five, 2022). Beim gemeinsamen Probeessen empört sich das fünfköpfige Moderatorenteam ausgiebig über Aussehen, Geruch und Geschmack der *Beyond Fried Chicken* und ist sich einig, dass dieses *Fake Meat* kein zufriedenstellender Ersatz für echtes Hühnerfleisch sein kann. Der Verzehr wird von einer Moderatorin demonstrativ verweigert und von einem anderen als nicht einmal für einen Hund genießbar bezeichnet. Neben diesen Ausfällen ist die von dem designierten enfant terrible

Greg Gutfeld geäußerte Feststellung bemerkenswert, dass wir unser Essen im Allgemeinen doch wohl weniger wertschätzten, wenn dem Verzehr nicht der Akt des Tötens vorausginge. Dieser betont gehässig formulierte, aber deshalb nicht falsche Einwurf ist genauso bedenkenswert wie die nach einer kurzen Schrecksekunde verschämt ablehnende Reaktion seiner Kollegen.

Bei genauerer Betrachtung spiegelt dieses Kabinettstück des konservativen Infotainments recht zutreffend die ambivalente symbolische Bedeutung wider, die Fleischverzehr überhaupt in der menschlichen Kultur einnimmt. So kann man sich die Folgen des Verzehrs von Tieren für die Entwicklung des menschlichen Selbstbildes nicht bedeutend genug vorstellen. Den Überlegungen *Roberto Calassos* folgend müssen wir die Jagd und damit die Verfügbarkeit von frischem Fleisch als eine relativ späte Errungenschaft verstehen, mit der sich der Mensch vom Aasfresser in die uns selbstverständliche, dominante Stellung über die ihn umgebende Natur erst aufgeschwungen hat (vgl. Calasso, 2020, pos. 2170). Diese lange Zeit mit der Muskelkraft des Mannes verbundene Empfindung der Überlegenheit schwingt heute beispielsweise in dem Slogan „Mann is' das'ne Wurst" der Marke Bruzzler der Marke *Wiesenhof* (2023) mit. Auf seine bräsige Art verweist dieser Slogan auch auf das archaische Verhältnis zur Ernährung, das unter anderem *Sigmund Freud* in seiner Religionspsychologie als die magische Funktion des Fleischverzehrs beschreibt (vgl. Freud, 1922, S. 133 ff.). Vom frühen Totemismus zur Eucharistie und darüber hinaus ist auch die von Freud beschriebene Magie plausibel, dass sich mit dem Verzehr eines Tieres dessen Kräfte auf den Menschen übertragen. Gleichzeitig verweist Freud wie später auch Calasso auf das ambivalente Gefühl von Schuld, die aufgrund der Verwandtschaft zum Tier als eines beseelten Wesens immer schon mit dessen Tötung einherging. In diesem Gefühl sieht Calasso den tieferen Grund sowohl für die religiösen Regeln des Schlachtens wie sie etwa im Judentum und Islam bestehen, als auch für die modernen Vorschriften für diesen Vorgang. Bemerkenswert erscheint ihm, dass diese Regeln damals wie heute nicht das Tier, sondern den Täter vor dem Akt des Tötens schützen sollen:

„Was die säkulare Gesellschaft angeht, so gibt es die Vorschrift, dass das Tier, ehe es getötet wird, betäubt werden soll. Dies geschähe, heißt es, um sein Leiden zu verkürzen und zu lindern. Aber das Tier leidet vor allem, bevor es getötet wird. Gequält, gezwungen, angestachelt, damit es sich nicht wehrt und keine Zeitverluste verursacht. Die Betäubung dient eher dazu, den zu betäuben, der tötet, als den, der getötet wird. Sie ist eine Euphemisierung des Todes. Sie soll den, der tötet, davon überzeugen, dass er ein fast schon totes Wesen tötet." (Calasso, 2020, pos. 2136).

Der Fleischverzehr geht so verstanden einerseits mit einer Ambivalenz zwischen einem die Dominanz bezeugenden Akt des Tötens des Tieres und andererseits mit dem gleichzeitig wahrgenommenen Gefühl von Scham für diesen Akt einher.

In diesem Zusammenhang ist schließlich die Analyse von *Norbert Elias* aufschlussreich, dass das auf dem Tisch gereichte Fleisch aus Scham vor der Gewalt am Tier mit dem fortschreitenden Zivilisationsprozess immer weniger mit Töten und Zerlegen in Verbindung gebracht wird:

> „Das Zerlegen selbst verschwindet nicht, da ja das Tier zerlegt werden muß, wenn man es ißt. Aber das peinlich Gewordene wird hinter die Kulissen des gesellschaftlichen Lebens verlegt. Spezialisten besorgen es im Laden oder in der Küche. Es wird sich immer wieder zeigen, wie charakteristisch diese Figur des Aussonderns, dieses »Hinter-die-Kulissen-Verlegen« des peinlich Gewordenen für den ganzen Vorgang dessen ist, was wir »Zivilisation« nennen." (Elias, 1981, S. 254f.).

Aufgrund dieser auch unsere Gesellschaft betreffenden Scham wird der Akt des Tötens eines fühlenden Wesens im fortschreitenden Prozess der Zivilisation verschleiert, ohne dass damit jedoch das Bewusstsein dafür schwände, ein Tier zu verzehren. Das saftige Steak wird demnach durchaus mit einem Gefühl der Dominanz über den starken Ochsen in Verbindung gebracht, dessen Kraft und Potenz man(n) sich unter Umgehung des schuldbehafteten Prozesses des Tötens eines lebendigen Wesens einverleibt. Diese Einsicht gilt genauso für alle weniger hochwertigen Darreichungsformen von Fleisch wie Döner, Cheeseburger und Chicken McNuggets, welche die den oberen Klassen vorbehaltene symbolische Dominanz demokratisieren. Dabei findet mit dem genormten Formfleisch der Fastfood-Industrie eine Umwidmung in ein standardisiertes Produkt statt, das die größtmögliche Distanz zum Töten, Zerlegen und auch zum Verzehr des echten Tierfleisches aufbaut und dennoch seine Herkunft nicht völlig verleugnet. Nach diesem Verständnis befinden sich auch zivilisierte Fleischesser wie etwa das Moderatorenteam von The Five bei Fox News immer noch in der ambivalenten Situation, ihr Fleisch inklusive der symbolischen Bedeutung der Dominanz im Einverständnis mit dem Akt des Tötens haben zu wollen, ohne aber die eigene Scham damit konfrontieren zu müssen. Dieses wird umso deutlicher darin, dass es hier um *Chicken Nuggets* geht, die nicht durch ein pflanzliches Produkt ersetzt werden sollen. Wer dergestalt industriell verfertigten Produkte mit Fleisch in seiner natürlichen Form gleichsetzt, dem scheint es tatsächlich vor allem um die Tötung von Tieren als Unterscheidungsmerkmal zu gehen. Für diese signifikante Gruppe von Verbrauchern stellt der häufig von progressiven

Kreisen genutzte Slogan „Taking the animal out of the food equation" (vgl. Conningham, 2021) einen Verlustrechnung dar, die sich nicht durch die ähnliche Konsistenz oder den Geschmack von Ersatzprodukten wie *Beyond Meat* ausgleichen lässt. Auch deshalb nicht, weil die soziale Anerkennung, die progressive Konsumenten innerhalb ihrer Peergruppe durch den Konsum der Produkte erfahren, für sie nicht gegeben ist. Ganz im Gegenteil gehört für diese Gruppe von Konsumenten der Verzehr von realen Tieren zu einem Selbstbild, das sich durch die technisch raffinierten Produkte der modernen Lebensmittelproduktion gefährdet sieht. Aus ihrer Perspektive müssen wir uns die heutigen Wiedergänger des Bösewichts Jacques Trikatell als die CEOs der oben genannten Marken vorstellen.

Sicherlich steht die Entwicklung von alternativen Fleischprodukten noch am Anfang und es ist daher verständlich, dass die Produkte auf diejenigen *early adopter* zugeschnitten sind, die ihren Idealismus mit den Produkten von Beyond Meat, Just Food und anderen Herstellern besser in die Tat umsetzen können. Allerdings kann dieses nicht lange so bleiben, sofern es darum gehen sollte, einen signifikanten Teil der bisher noch auf Fleisch basierenden Ernährung zukünftig anders zu gestalten. Mit Blick auf das Branding sollten sich die Hersteller daher vor allem klarmachen, dass erzieherische Maßnahmen keinen Erfolg zeitigen werden. Niemand ändert seine Essgewohnheiten aus bloßer Einsicht. So wie der Mehrwert der Marken Beyond Meat und Good Meat darin besteht, der progressiven Klientel eine ihren Vorstellungen und Neigungen entsprechende Ernährung ohne große Anstrengungen zu ermöglichen, wird sich auch der konservative Konsument nicht durch die intellektuellen Einsichten anderer Menschen von seinen Vorlieben abbringen lassen. Auch wenn es der Überzeugung und dem Lebensgefühl nicht zuletzt der Werbeschaffenden selbst entsprechen sollte, wird sich ein großer Teil der breiten Masse nicht mit einem auf Umweltschutz, Technik und dem Zauber von Start-ups basierenden Ansatz zur Umstellung ihre Gewohnheiten motivieren lassen. Es ist eher zu vermuten, dass dieser Teil der Bevölkerung weiterhin den Fleischverzehr bevorzugen wird. Es erscheint deshalb naheliegend, dass ihnen gegenüber eine weniger auf Moral und Technik und mehr auf klassische Attribute von Fleisch basierende Kommunikation von Fleischersatzprodukten Erfolg versprechender ist. Idealerweise hätte man es dann mit geschmacklich einwandfreien Burgern, Chicken-Nuggets, Bruzzlern etc. jenseits der klassischen Produktion von Fleisch zu tun, deren künstliche Erzeugung für den Endverbraucher so unwesentlich ist, dass sie im Kleingedruckten verschwindet.

Literatur

@justegg. (1. April 2021). Tweet. https://twitter.com/justegg/status/1377674698985668609. Zugegriffen: 20. Dez. 2023.

Andrews, J. (29. Juli 2019). Beyond meat's chicken came first, and it was a failure. wall street and investors don't care. *CNBC*. https://www.cnbc.com/2019/07/29/beyond-meats-chicken-came-first-and-it-was-a-failure.html. Zugegriffen: 20. Dez. 2023.

Best of The Five. (6. Januar 2022). Would you try KFC's beyond fried chicken? https://www.youtube.com/watch?v=5NPMRzJjMmg. Zugegriffen: 20. Dez. 2023.

Beyond Meat. (21. Mai 2020). Why go beyond. https://www.youtube.com/watch?v=k7B3eF3oLy0. Zugegriffen: 23. Dez. 2023.

Beyond Meat. (2023a). Ingredients. https://www.beyondmeat.com/en-US/about/our-ingredients/. Zugegriffen: 23. Dez. 2023.

Beyond Meat. (2023b). Plant-based meat products. https://www.beyondmeat.com/en-US/products/.

Business Wire. (15. Dezember 2021). GOOD meat granted regulatory approval for new chicken products in Singapore as company plans for larger scale production. https://www.businesswire.com/news/home/20211215006131/en/GOOD-Meat-Granted-Regulatory-Approval-for-New-Chicken-Products-in-Singapore-as-Company-Plans-for-Larger-Scale-Production. Zugegriffen: 23. Dez. 2023.

Calasso, R. (2020). *Der Himmlische Jäger* (Kindle). Suhrkamp Verlag.

Chriki, S., & Hocquette, J.-F. (2020). The myth of cultured meat: A review. *Frontiers in Nutrition, 7*, 7. https://doi.org/10.3389/fnut.2020.00007.

CNBC International. (2021). Eat just: The multibillion-dollar company selling lab-grown chicken meat. https://www.youtube.com/watch?v=xeZ_o_eqt38. Zugegriffen: 20. Dez. 2023.

Conningham. C. (1. April 2021). A new generation of innovators create the future of meat. https://antagonist.co/where-is-the-heme-on-the-future-of-vegan-meat/. Zugegriffen: 20. Dez. 2023.

Dissolve. (2014). This Is a generic brand video. https://www.youtube.com/watch?v=2YBtspm8j8M. Zugegriffen: 20. Dez. 2023.

Elias, N. (1981). *Über den Prozeß der Zivilisation: Soziogenetische und psychogenetische Untersuchungen* (Bd. 1): Wandlungen des Verhaltens in den weltlichen Oberschichten des Abendlandes. Suhrkamp.

Freud, S. (1922). *Totem und Tabu. Einige Übereinstimmungen im Seelenleben der Wilden und der Neurotiker*. Leipzig, Wien, Zürich: Internationaler Psychoanalytischer Verlag.

Good Meat. (2022). Good meat. The future of meat. https://goodmeat.co. Zugegriffen: 20. Dez. 2023.

Goy, I. (2007). Immanuel Kant über das moralische Gefühl der Achtung. *Zeitschrift für philosophische Forschung, 61*(3), 337–360, [S. 349]. http://www.jstor.org/stable/20484686. Zugegriffen: 17. Mai 2023.

HiHo Kids. (9. Juli 2019). Kids try beyond and impossible burgers. https://www.youtube.com/watch?v=FqGI3iMX_co. Zugegriffen: 20. Dez. 2023.

Hume, D. (1978). A treatise of human nature, in: L. A. Selby-Bigge & P. H. Nidditch (Hrsg.), A treatise of human nature (2. Aufl.). Clarendon Press. (Originalwerk veröffentlicht 1739–1740).

Just Egg. (2023). https://www.ju.st. Zugegriffen: 20. Dez. 2023.

Kant, I., (1785). Grundlegung zur Metaphysik der Sitten. In I. Kant & (1900ff) G. Schriften. (hrsg.), Bd. 1–22, *Preussische Akademie der Wissenschaften,* Bd. 23 *Deutsche Akademie der Wissenschaften zu Berlin,* ab Bd. 24, *Akademie der Wissenschaften zu Göttingen.* Bd. 4.

Leenaert, T. (9. Februar 2014). On meat eating and rationality: Richard Dawkins and Sam Harris. In *The Vegan Strategist.* https://veganstrategist.org/2014/02/09/on-meat-eating-and-rationality-richard-dawkins-and-sam-harris/. Zugegriffen: 20. Dez. 2023.

Lucas, A., & Rogers, K. (1. April 2022). KFC to launch plant-based fried chicken made with beyond meat nationwide. https://www.cnbc.com/2022/01/04/kfc-to-launch-meatless-fried-chicken-made-with-beyond-meat-nationwide.html. Zugegriffen: 20. Dez. 2023.

Market Watch. (5. Mai 2019), Beyond meat soars 163 % in biggest-popping U.S. IPO since 2000. https://www.marketwatch.com/story/beyond-meat-soars-163-in-biggest-popping-us-ipo-since-2000-2019-05-02. Zugegriffen: 20. Dez. 2023.

Ocasio-Cortez, A. (30. Mai 2018). The courage to change|Alexandria Ocasio-Cortez. https://www.youtube.com/watch?v=rq3QXIVR0bs. Zugegriffen: 20. Dez. 2023.

Parker, A. (9. August 2016). Donald Trump's diet: He'll have fries with that. https://www.nytimes.com/2016/08/09/us/politics/donald-trump-diet.html. Zugegriffen: 20. Dez. 2023.

Piazza, J., Ruby, M. B., Loughnan, S., Luong, M., Kulik, J., Watkins, H. M., & Seigerman, M. (2015). Rationalizing meat consumption. The 4Ns. *Appetite, 91,* 114–128. https://doi.org/10.1016/j.appet.2015.04.011. Epub 2015 Apr. 9. PMID: 25865663.

Recki, B. (2006). *Die Vernunft, ihre Natur, ihr Gefühl und der Fortschritt. Aufsätze zu Immanuel Kant.* Paderborn: Mentis.

Ried, K. (31. Januar 2019). Awareness-Maßnahme: Fischer Appelt: Kuh killt in Peta-Kampagne in: Werben & Verkaufen. https://www.wuv.de/agenturen/fischer_appelt_kuh_killt_in_peta_kampagne. Zugegriffen: 20. Dez. 2023.

Rober, M. (13. Februar 2020). Feeding Bill Gates a fake burger (to save the world). https://www.youtube.com/watch?v=-k-V3ESHcfA. Zugegriffen: 20. Dez. 2023.

TRT World. (22. Dezember.2020). Singapore first country to approve sale of lab-grown chicken. https://www.youtube.com/watch?v=RVWU9rbylhc. Zugegriffen: 20. Dez. 2023. Accessed 11 Mai 2023.

UPSIDE Foods. (2023). Progress for people, animals, and planet. https://upside foods.com/progress. Zugegriffen: 20. Dez. 2023.

WIESENHOF Bruzzzler. (2023). WIESENHOF Bruzzzler: Die Geschichte der Kult-Bratwurst. https://www.wiesenhof-bruzzzler.de/geschichte/. Zugegriffen: 20. Dez. 2023.

Yu, D. (25 Juni 2021). Eat just mulls $3 Billion IPO to eventually make cruelty-free food mainstream. *Forbes.* https://www.forbes.com/sites/douglasyu/2021/06/25/eat-just-mulls-3-billion-ipo-to-eventually-make-cruelty-free-food-mainstream/. Zugegriffen: 20. Dez. 2023.

Zidi, C. (1976). *L'aile ou la cuisse.* Christian Fechner Produktion.

9

Boy London: Das Logo ist die Marke

Zusammenfassung Obwohl Marken ohne eine visuelle Identität kaum denkbar sind, ist der Status von Logos nicht unumstritten. Logos sind wohl notwendig, dürfen aber nicht mit der eigentlichen Marke gleichgesetzt werden. Angesichts dessen stellt sich die Frage danach, welche Rolle Logos überhaupt spielen und wie man sich das Sein einer Marke jenseits ihrer visuellen Repräsentation durch diese Symbole vorzustellen hat. Am Beispiel der Marke Boy London lässt sich sowohl der Unterschied zwischen der Funktion eines Logos als Zeichen und als Symbol wie auch der Umstand aufzeigen, dass wir Marken unter bestimmten Umständen tatsächlich mit ihrem Logo gleichsetzen können.

Ein Topos in Einführungen zu Brand Design und Markenmanagement besteht in der Feststellung, dass sich eine Marke nicht in einem Logo erschöpft. Wer Bild- und Wortmarke für sich genommen bereits als Marke bezeichnet, der hat nicht begriffen, dass Marken etwas anderes als stilisierte Grafiken und eingängige Namen sind. Anschaulich wird dieser Vorbehalt in einer Illustration von *Marty Neumeier* auf den Punkt gebracht, die sich auf das bekannte Gemälde *La Trahison des Images* (1929) von *René Magritte* bezieht und ein im Stil des Bildes gehaltenes Nike-Logo mit der Unterzeile „Ceci n'est pas une brand" zeigt (Neumeier, 2005, S. 10). Die Adaption des Kunstwerks soll zeigen, dass, so wie das Bild einer Pfeife keine wirkliche Pfeife ist, wir ein Logo nicht mit der Marke selbst verwechseln dürfen. In den weiteren Ausführungen zu dem Bild wird dargelegt, dass die Marke nicht das

Logo, ein Corporate Design System oder das Produkt, sondern ein Bauchgefühl – „a person's gut feeling" (ebd., S. 11) – hinsichtlich eines gebrandeten Produkts, Services oder einer Organisation ist.

So kreativ der Bezug auf Magritte und so alltagstauglich der Hinweis auf das Gefühl zunächst erscheinen mag, werden bei genauerer Betrachtung jedoch Ungereimtheiten deutlich, die ihrerseits Aufschluss über das tatsächliche Verhältnis von Marke und Logo geben. Schauen wir dafür zunächst auf das originale Kunstwerk von Magritte. Es ist die allgemein angenommene Pointe dieses surrealistischen Werks, dass sich im Unterschied zu einer gemalten Pfeife auf einem Kunstwerk angesichts einer tatsächlichen Pfeife feststellen lässt: „Schaut her, dieses hier ist eine echte Pfeife – ceci es une pipe!" Die Standardinterpretation lautet daher, dass Magritte in seinem Gemälde auf den Unterschied zwischen wirklichen und bloß vorgestellten Gegenständen hinweist: Eine gemalte Pfeife ist keine wirkliche Pfeife.

Auf denselben Unterschied hebt die Illustration mit dem Nike-Logo ab. Allerdings kann man sich auch klarmachen, dass der Zusammenhang von Abbild und wirklichem Logo hier ungleich problematischer ist, weil Nike kein Gegenstand wie ein Tisch oder eine Pfeife ist. Ganz im Sinne der Marke als ein immaterieller Vermögenswert eines Unternehmens kann man seinen Blick nicht vom gemalten Nike-Logo abwenden und auf die Marke als konkretes Objekt zeigen. Auch wer etwa einen Nike-Sneaker in den Händen hält, der hat es nicht mit der Marke als Gegenstand zu tun, sondern mit etwas, das auf die Marke verweist.

Fragen wir uns angesichts dessen, ob der Verweis auf das Bauchgefühl als die tatsächliche Marke das Problem lösen kann, dann ist es zwar unbestritten, dass Marken Emotionen auslösen. Allerdings kann man sich auch klarmachen, dass es sich bei Gefühlen zumeist nicht um die gefühlte Sache selbst handelt. Vielmehr handelt es sich bei dabei, wie es der *emotionale Intentionalismus* nach *Franz Brentano* beschreibt, um eine Form der Bezugnahme auf ein von dem Gefühl unterschiedenes Objekt (vgl. Brentano, 1874/1982). Wir spüren den Schmerz einer Verletzung, freuen uns über den eigenen Erfolg und spüren ein Unbehagen in Gegenwart einer unsympathischen Person und meinen dabei etwas von unserem Gefühl Unterschiedenes. So wie wir unsere inneren Zustände in unzähligen anderen Fällen als sinnvolle Hinweise für bestimmte von ihnen unterschiedene Sachverhalte nehmen können, lässt sich demnach ein bestimmtes Bauchgefühl durchaus als ein verlässliches Anzeichen dafür deuten, es mit einer Marke zu tun zu haben. Dass dieses Gefühl in der Magengrube der Ort ist, an dem wir unsere Beziehung zu einer Marke spüren, macht es dann allerdings genauso wenig zur Marke selbst, wie ein Schmerz die Verletzung selbst ist.

Indem es sich bei der Marke weder um ein Gefühl noch um einen konkreten Gegenstand handelt, bleibt als dritte Möglichkeit nur ihre Bestimmung als ein abstrakter Gegenstand, wie dieses etwa von *Wolfgang Künne* beschrieben wird. Abstrakte Gegenstände sind nach seinem Befund solche Gegenstände, die nicht materiell oder als psychische Zustände existieren, auf die wir uns aber mit Worten oder Symbolen beziehen können (vgl. Künne, 1983/2007). Hierzu zählt er beispielsweise Beziehungen und Propositionen, aber auch natürliche Arten und Typen. Marken, so könnte man vor diesem Hintergrund feststellen, sind abstrakte Gegenstände im Sinne von Typen, die bestimmte Gegenstände – Markenartikel – unter sich subsummieren. Ohne diesen kategorialen Unterschied zwischen einen abstrakten Gegenstand und einem Gefühl deutlich zu machen, formuliert Marty Neumeier das dann so, dass eine Marke „eine Art platonischer Idee ist – ein Konzept, um eine spezifische Klasse von Dingen zu identifizieren." (Neumeier, 2006, S. 12). Dieses festzustellen bedeute jedoch, dass Marken in der Tat etwas anderes als die vorher apostrophierten „gut feelings", nämlich *abstrakte Gegenstände* sind, auf die sich diese Gefühle beziehen.

Dessen eingedenk können wir die sich auf Magritte beziehende Illustration auch als einen Hinweis darauf verstehen, in welcher Weise Logos zwar keine Marken *sind,* wir sie aber dennoch nicht von ihnen trennen können. Um dieses zu verdeutlichen, können wir noch einmal an den Anfang zurückgehen und uns zunächst vergegenwärtigen, dass wir bei allen Bildern gewöhnlich den visuellen Eindruck mit seinem Gegenstand gleichsetzen. In diesem ungestörten Zustand wird die Abbildung des Nike-Logos genauso als die Marke *Nike* wahrgenommen, wie wir das Bild einer Pfeife auch eine *Pfeife* nennen. Erst in einer durch eine Störung hervorgerufenen Distanznahme, wie diese etwa die Unterzeile „Ceci n'est pas une brand" erzeugt, wird uns die Differenz zwischen dem Abbild und seinem Gegenstand bewusst. Dabei ist es wichtig zu bemerken, dass wir als Betrachter, bevor wie Überlegungen über das Sein von Marken anstellen, wohl zuerst feststellen würden, dass ein von einem Künstler gemaltes Nike-Logo nicht das wirkliche Logo dieser Marke ist. Erst in einem zweiten Schritt lässt uns die Komposition darüber nachdenken, in welchem Verhältnis dieses Logo zu seinem Gegenstand steht. Dabei ist gar nicht gesagt, dass uns das Bild unbedingt über den ontologischen Status von Marken nachdenken lässt. Es kann genauso zum Nachdenken über das Verhältnis von Kopie und Original anregen – die künstlerische Interpretation eines Logos ist nicht in dem Sinne authentisch wie das tatsächliche Markensignet. Setzen wir es demgegenüber mit dem Original gleich oder wenden die Unterzeile „Ceci n'est pas une brand" als Kommentar zum originalen Logo an, wie wir es in hunderttausendfacher

Ausführung auf Produkten, Uniformen von Serviceangestellten oder anderen Brand-Touchpoints finden, dann ist offensichtlich, dass der Kommentar, es nicht mit einer Marke zu tun zu haben, nicht direkt Gedanken über das tatsächliche Sein einer Marke nahelegt. Vielmehr lässt es schon im ersten Schritt Zweifel darüber aufkommen, es mit einer wirklichen Marke im Sinne von originalem oder authentischen Markenprodukt zu tun zu haben.

Erwähnenswert ist in diesem Zusammenhang *Gernot Böhmes* Blick auf das Werk Magrittes, der herausstellt, dass die Unterzeile im Sinne einer Werbung zu verstehen ist, die nicht das Defizit des Abbildes, sondern die Besonderheit des dargestellten Markenproduktes gegenüber generischen Produkten hervorhebt. *Ceci n'est pas une pipe* hebt in dieser Lesart nicht auf den ontologischen Status von Bildern ab, sondern beschreibt die in der Werbung betonte Sonderstellung des dargestellten Markenproduktes, etwa im Sinne des Slogans: „Dieses hier ist keine Pfeife, sondern eine Stanwell." (Böhme, 1995).

Denkbar wäre aber auch das Gegenteil, nämlich dass das hier keine *wirkliche* Pfeife ist, weil es sich eben nicht um das Markenprodukt, sondern um eine bloße Kopie handelt. So wie die Unterzeile „Ceci n'est pas une pipe" dann auf eine Attrappe oder zumindest nicht das erstrebenswerte Exemplar einer wirklichen Pfeife hinweist, würden wir bei einem echten Logo mit der handschriftlichen Unterzeile „Ceci n'est pas une brand" zunächst von einer Art Markenattrappe ausgehen. Zu solchen Markenattrappen können wir einerseits Fakes von etablierten Marken zählen. Andererseits sind aber auch Logos als Markenattrappen zu verstehen, die nur vordergründig für eine wirkliche Marke stehen. Dazu gehören beispielsweise der *Stay-Puft Marshmallow Man* aus Ivan Reitmans *Ghostbusters* (1984) oder der von *Warner Brothers* verwendete Schriftzug ACME, der seit den 1920er Jahren in deren Cartoons als Platzhalter für fiktive Markenhersteller auftaucht. Aber auch viele von denjenigen Logos sind als Markenattrappen zu bezeichnen, die als *Private-Label-Brands* im Sortiment von stationären und Online-Einzelhändlern vorgeben, für Produkte von eigenständigen Herstellern zu stehen. Mit Blick darauf kann auch immer dann von einer Markenattrappe die Rede sein, wenn man ein nach einem Traditionsproduzenten aussehendes Logo entwirft und dieses dann auf Produkten aus generischer Quelle montiert. Es handelt sich hierbei geradezu um die böhmischen Dörfer des Branding, hinter deren Fassade kein benennbarer Produzent mit eigener Geschichte und besonderem Anspruch steht. Die Grenze zwischen der bloßen Bebilderung von Produkten und tatsächlichen Marken ist dabei fließend. Manche Private Label Brands haben tatsächlich ein Eigenleben entwickelt, das sie als authentische Marken erscheinen lassen, wohingegen andere bloße

Bilder ohne Bezug auf einen abstrakten Gegenstand bleiben. Für die Unterscheidung lassen sich allerdings weniger definite rationale Kriterien angeben, als es tatsächlich eine Sache der Magengrube ist, den jeweiligen Unterschied zwischen Symbol und bloßer Bebilderung zu spüren.

Kommen wir zurück zu der im Stile von Magritte angefertigte Illustration des Nike-Logos, dann ist es auch möglich, dieses Logo im ersten Schritt im Sinne einer Markenattrappe zu verstehen. Dieses führt im zweiten Schritt zu der Überlegung, dass wir es hier deshalb nicht mit einer Marke zu tun haben, weil das bloß kopierte Logo nicht symbolisch für den abstrakten Gegenstand der Marke Nike steht. Mit Blick darauf kann man es als die Pointe der Adaption von Magritte verstehen, auf das eigentliche Sein der Marke als einen abstrakten Gegenstand zu verweisen, der immer auch einer Symbolisierung benötigt. Auch wenn das Logo nicht die Marke selbst ist, so ist damit doch anerkannt, dass eine Marke ein abstrakter Gegenstand ist, der auf einen symbolischen Bezugspunkt für emotionale und intellektuelle Assoziationen angewiesen ist. Mit *Hans Domizlaffs* Vorstellung einer Markenpersönlichkeit können wir das auch so beschreiben, dass das Logo ein wesentlicher Teil des „Gesichts der Marke" (Domizlaff, 1939/2005, S. 190) und für ihren Ausdruck unerlässlich ist. Es ist demnach genauso falsch, ein Logo als Marke zu bezeichnen, wie zu behaupten, dass eine Marke ohne einen visuellen Anker in der Realität auskommen könnte.

Obwohl Marken ohne diesen visuellen symbolischen Ausdruck nicht vorstellbar sind, zeigt die Adaption von Magrittes Bild *La Trahison des Images* auch die besondere Skepsis, die häufig gegenüber Logos vorgebracht wird. Neben der relativen Einfachheit, mit der irgendwelche Logos auf Gegenstände montiert und auf diese Weise Markenattrappen fabriziert werden können, scheint es auch in der relativen Beliebigkeit ihrer Gestaltung begründet. So leuchtet es schon deshalb ein, dass eine Marke nicht nur ein Logo ist, weil es keine absolute Notwendigkeit gibt, mit der eine bestimmte Gestaltung zu einer bestimmten Marke gehören sollte. Das professionelle Design eines Logos bezieht wohl bestimmte Vorlieben, Eingebungen, professionelle Erfahrungen und empirische Untersuchungen mit ein. Dieses Wissen allein macht ein Logo in seiner Form aber nicht bereits zu einem Symbol, das über Sein oder Nichtsein einer bestimmten Marke entscheiden könnte.

Tatsächlich ist hiermit auch nur die Funktion von Logos als Zeichen beschrieben, wie es etwa Ernst Cassirers Differenzierung von Signalen bzw. Zeichen einerseits und Symbolen andererseits verdeutlicht:

„Symbols – in the proper sense of this term – cannot be reduced to mere signals. Signals and symbols belong to two different universes of discourse: a signal is a part of the physical world of being; a symbol is a part of the human world of meaning. Signals are ‚operators'; symbols are ‚designators'." (Cassirer, 1944/1967, S. 32).

Hinsichtlich des naheliegenden Einwandes, dass ein Signal immer auch eine „meaning", d. h. eine bestimmte Bedeutung hat, unterstreicht Cassirer dessen notwendige Verankerung in der physischen Welt: „Signals, even when understood and used as such, have nevertheless a sort of physical or substantial being; symbols have only a functional value." (Ebd.). Zeichen funktionieren dergestalt nur vor dem Hintergrund der unmittelbaren Begebenheiten, in deren Kontext sie etwas signalisieren, wohingegen Symbole prinzipiell von bestimmten Situationen losgelöst sind, weil sie sich auf eine außerhalb räumlicher Begrenzungen liegenden Bedeutungshorizont beziehen. Auf die den Anforderungen angemessene grafische Gestaltung eines Logos hinzuweisen, kann demnach zwar eine zu der bestimmten Marke passende Zeichenhaftigkeit erklären, begründet aber nicht seine Funktion als bedeutungsvolles Symbol. Es ist demnach gerechtfertigt und hilfreich, wenn ein Logo die angemessenen Assoziationen über die Funktion einer Marke nahelegt; es ist aber keine notwendige Anforderung für ein Markenlogo, ein gut funktionierendes Signal bzw. Zeichen zu sein.

Näheren Aufschluss über diesen Zusammenhang gibt die Sprachtheorie von *Ferdinand Saussure,* der herausstellt, dass Sprache aus zwei Komponenten besteht (Saussure, 1916). Er nennt den sprachlichen Ausdruck das *Signifiant* und den begrifflichen Inhalt das *Signifié* und betont, dass es zwischen diesen beiden Komponenten keine natürliche Verbindung gibt. Stattdessen ist die Beziehung zwischen Signifiant und Signifié willkürlich, das heißt, es gibt keinen inhärenten Grund, warum ein bestimmtes Wort als Signifiant mit einem bestimmten Konzept als dem Signifié verbunden sein sollte. Die Notwendigkeit der Verbindung ergibt sich erst mit den sich im Gebrauch einstellenden Konventionen der Sprachverwendung. Analog dazu kann man sich ein Logo als Signifiant vorstellen, das einem Signifié relativ willkürlich zugeordnet, dann aber im konventionellen Gebrauch zu notwendigen Formen des Ausdrucks wird. So kreativ und angemessen ein bestimmtes Logodesign auch in seiner Form als Zeichen sein mag, ist es in seiner Form doch nicht absolut zwingend, und es gewinnt seine symbolische Bedeutung erst durch einen konventionellen Umgang. Nicht die Gestalt an sich, aber Verwendung und Bekanntheit können dem dann keineswegs mehr austauschbaren Logo seine durchaus magisch zu nennende symbolische Bedeutung als Verkörperung einer Marke geben. Die Magie besteht jetzt darin, dass wir das Logo jetzt als ein quasi-beseeltes Objekt wahrnehmen und es als Antlitz der Marke mit ihrem Sein identifizieren.

Markensignets sind aber nur eine Kategorie innerhalb des Geflechts unendlich vieler Symbole, in die unsere Welt gegliedert ist und deren Symbolhaftigkeit uns erst in der Distanznahme als solche auffallen. So können wir Magrittes Unterzeile auf beliebige abstrakte und konkrete Gegenstände beziehen und uns aus der so entstehenden Reflexionsdistanz des Unterschieds zwischen Symbol, Konvention und Gegenstand bewusstwerden. In breiterer Form wird diese Distanz in *ikonoklastischen* Bewegungen umgesetzt, die darauf abzielen, die konventionelle Wirkung von Symbolen durch deren Zerstörung aufzubrechen. Als eine Spielart ikonoklastischer Distanznahme können wir auch die in den 1970er Jahren aufkommenden Punkbewegung verstehen. Althergebrachte Normen und Symbole werden negiert, provokativ umgedeutet und teilweise in ihr Gegenteil verkehrt, um dem Mief des kleinbürgerlichen Milieus zu entkommen. Trotz des moralischen Anspruchs, mit dem diese Jugendbewegung gegenüber dem angepassten Durchschnittsdasein auftritt, erreicht die Provokation ihren fragwürdigen Höhepunkt in der affirmativen Bezugnahme auf die Symbole des absolut Bösen. Es ist die Zeit, in der *David Bowie* offen mit dem Faschismus kokettierend, als *Thin White Duke* von sich reden macht und Vertreter der Punkszene, in exponierter Weise etwa *Vivian Westwood*, NS-Symbole offen zur Schau stellen. Diese werden gerade nicht gezeigt, um der gleichförmigen Unterdrückung eines menschenverachtenden Systems zu huldigen, sondern um eine größtmögliche Schockwirkung auszulösen. Wollte man dem im Nachhinein etwas abgewinnen, dann dass diese Gesten der aufmüpfig-desillusionierten Jugend die Kraft ästhetischer Verführung und die Macht der Symbole durch deren distanzierende Verschiebung voll ausgelotet haben.

In die Melange dieser Zeit fällt die Entstehung der Marke *Boy London* im Jahre 1976, die eine direkte Reaktion auf die sich mit der Punkbewegung eröffnende Nachfrage nach neuen, dem Geschmack der Zeit entsprechenden Modelabels zu verstehen ist. Bei der Eröffnung des gleichnamigen Geschäfts in der 153 King's Road kommt den Gründern zugute, über die langjährige Erfahrung im Management der Szeneboutique ACME Attractions zu verfügen, zu deren illustrer Kundschaft The Clash, Sex Pistols, Chrissie Hynde, Patti Smith, Deborah Harry und Bob Marley gehören. Das sich hier schon zeigende Gespür dafür, ein angemessenes Marketing für eine Zielgruppe zu entwickeln, die sich als außerhalb des gesellschaftlichen Rasters stehend empfindet, setzt sich bei der Inszenierung der Marke Boy London fort. Distanz zum Mainstream stellt hier vor allem das Logo her, das *Peter Christopherson*, Schöpfer des ikonischen Plattencovers von *Pink Floyds* Album *The Dark Side of the Moon* (1973), gestaltet hat (vgl. Boy London,

2023b). Dabei haben wir es mit einem die Schwingen ausbreitenden stilisierten Adler zu tun, der dem Parteiadler der NSDAP bzw. dem späteren *Hoheitsadler des Reichs* in entgegen gesetzter Blickrichtung ähnlich ist (vgl. Koop, 2012, S. 46 ff.). Neben feineren graphischen Unterschieden besteht der markante Unterschied zum Logo der Modemarke darin, dass dort, wo der nationalsozialistische Adler einen geschlossenen Kranz aus Eichenlaub um ein Hakenkreuz in den Klauen hält, das kreisrunde O des in Versalien einer serifenlose Linear-Antiqua gesetzten Namens der Marke steht.

Aus Saussures semiotischer Perspektive beruht die Wirkung des Logos auf der Verwendung ein und desselben Signifiants für gänzlich unterschiedliche, ja gegensätzliche Signifié. In Cassirers Terminologie handelt sich damit um zwei verschiedene, aber mit demselben Zeichen verbundene Symbole und Künne würde von zwei fast-identische Symbolen mit Bezug auf unterschiedliche abstrakte Gegenstände sprechen. Dabei bestehen diese abstrakten Gegenstände auf Grund ihrer bestimmten Gegensätzlichkeit nicht vollkommen unabhängig voneinander. Der von der Modemarke ausgehende Reiz besteht vielmehr in der subversiven Geste, ein böses Zeichen in ein progressives Symbol verwandelt zu haben. Sie folgt dabei strukturell derselben Distanznahme und Umdeutung, wie es weitaus weniger spektakulär schon bei der Verwendung der Markenattrappe ACME für ein Modegeschäft der Fall war. Der Boutique, deren Markenname eine ironische Distanznahme zur Markenwelt innewohnt, steht ein Modelabel gegenüber, dessen Logo auf der ironischen Verwendung eines Nazisymbols beruht. Beidem liegt die von *Sören Kierkegaard* ausgiebig besprochene Strategie *sokratischer Ironie* als der Freiheit zugrunde, die innere Haltung von äußeren Konventionen trennen zu können (vgl. Kierkegaard, 1841/2019). Wer *Boy London* trägt, der zeigt seine Zugehörigkeit zur Subkultur dadurch, sich nicht auf die Konventionen gesellschaftlicher Ächtung bestimmter Symbole festzulegen und frei in der Lage zu sein, auch mit potenziell gefährlichen ästhetischen Spielarten des Symbolischen umgehen zu können.

Dem hieraus resultierenden avantgardistischen Image haben Prominente wie *Andy Warhol* und *Madonna* in den 1980er Jahren genauso geholfen, wie die Marke heutzutage Prominente wie *Lady Gaga* und *Rihanna* anzieht. Aufgrund dessen hat Boy London auch nie in vergleichbarer Weise wie andere englische Modelabels eine Rolle in der rechten Szene gespielt. Gerade weil das Symbol so unverdeckt ist und die Markenbotschafter so eindeutig dem progressiven Mainstream zuzuordnen sind, überlagert das Image der Travestie des belasteten Zeichens den Appeal des Logos für Neonazis. Das Paradox besteht darin, dass der Verlust an Appeal für Rechtsradikale eine Folge dessen ist, dass es sich bei dem Logo tatsächlich um das umgedeutete nationalsozialistische Herrschaftszeichen handelt. Würde es sich um einen dem Nazisymbol nur ähnlichen, aber erkennbar anderen Adler handeln, wäre die ironische Geste nicht in derselben Weise möglich. Dann wäre es zumindest denkbar, dass die Marke, ähnlich wie etwa das Modelabel *Londsdale,* wegen zufälliger Übereinstimmungen mit faschistischen Codes von Neonazis vereinnahmt würde. (Das Problem der Marke Londsdale besteht darin, dass von dem vorne auf ihren Pullovern gedruckten Logo bei geöffneter (Bomber-)Jacke einzig die Buchstaben NSDA sichtbar sind, was als Chiffre missbraucht werden kann. Die Marke begegnet diesem Problem mit offensivem Engagement gegen Rassismus und Faschismus).

Diese Beobachtung macht deutlich, dass es schwer nachvollziehbar ist, wenn Boy London sich angesichts der Kritik an der Verwendung des belasteten Zeichens darauf zurückzieht, sich nie auf das Dritte Reich und immer schon auf den ähnlich gestalteten Adler des Römischen Reichs bezogen zu haben (vgl. EUIPO, 2021; Thaidigsmann, 2021). Auch wenn man dieser im Lichte der hier vorgelegten Analyse unplausiblen Argumentation folgen möchte, sollte die vor allem von jüdischer Seite vorgebrachte Kritik am Erscheinungsbild der Marke ausreichend dafür sein, gänzlich auf das Logo zu verzichten. In der Bestätigung der Löschung des emblematischen Adlers als Handelsmarke durch das *Europäische Amt für geistiges Eigentum* (EUIPO, 2021) hat diese Forderung nach Distanzierung von dem belasteten Symbol zwar für Europa ihren Ausdruck gefunden, nicht aber ihr eigentliches Ziel erreicht. Heute ist der Adler zwar erkennbar aus dem Corporate Design auf der offiziellen Webseite www.boy-london.com (vgl. Boy London, 2023a). verschwunden, allerdings ist das Symbol dort noch als grafisches Element auf vielen Kleidungsstücken der sogenannten Heritage Collection zu finden (vgl. Boy London, 2023c). Mit Blick darauf darf man vermuten, dass viele Konsumenten es immer noch als ein gängiges Logo der Marke identifizieren, zumal es auf den internationalen, in Korea registrierten Webseiten *en.boylondoninternational.com* (vgl. Boy London International, 2023) sowie derselben Adresse mit *cn.* (vgl. Boy London CN, 2023) als Präfix noch im Sinne eines Markenlogos im Webinterface sowie auf den meisten Kleidungsstücken erscheint. Abgesehen von dem hierin aufscheinenden Problem internationaler Rechtsprechung lässt sich hieran auch etwas Grundsätzliches über die Bedeutung von Logos für Marken feststellen. Indem man sich trotz starker Kritik nicht gänzlich von diesem belasteten Zeichen trennen mag, zeigt sich nicht nur die Wichtigkeit des eigenen Markensymbols für Boy London. Es verweist auch darauf, wie eng wir uns das Verhältnis von Marken zu ihren Logos im Allgemeinen vorzustellen haben.

Eine weitere Drehung im Diskurs um Boy London und die Bedeutung von Logos für Marken überhaupt lässt sich an dem Umstand feststellen, dass die Marke im letzten Jahrzehnt in Asien, insbesondere auf dem chinesischen Markt ausgesprochen erfolgreich ist. Nach Beilegung langjähriger Trademark-Streitigkeiten mit chinesischen Kopisten ihres Markennamens und Adler-Symbols hat Boy London Anfang der 2020er Jahre in China einen Mainstream-Charakter erlangt, der bei westlichen Beobachtern nur Erstaunen auslösen kann (vgl. Rapp, 2019). Auch wenn es Anfang der 2010er Jahre für einige Zeit Schlagzeilen macht, ist den meisten Chinesen der Bezug zwischen dem Logo und der jüngeren Geschichte Deutschlands völlig unklar. Ohne großes Aufsehen zu erregen, finden sich daher in den unzähligen Shoppingmalls des Landes neben den allgegenwärtigen Adidas-, Nike- und Uniqlo-Läden auch ganz selbstverständlich Boy London-Filialen mit dem Adler-Logo über dem Eingangsbereich. Mit diesem tendenziell unschuldigen Blick auf das schuldbeladene Zeichen verliert sich aber auch die reflexiv ironische Bedeutung der Marke. Ihre Wahrnehmung geht hier vielmehr mit einer recht allgemeinen Vorstellung von Stärke einher, ohne dass der Adler mit spezifischen historischen Vorbildern in Verbindung gebracht würde. Man könnte daher behaupten, dass sich das Symbol hier auch nicht mehr auf denselben abstrakten Gegenstand wie anderswo bezieht. So gesehen kann Boy London in China als das Beispiel eines Brands genommen werden, der zwar keine Markenattrappe ist, bei der Marke und Logo aber so nahe zusammenliegen scheinen, dass eine Variation von Magrittes *La Trahison des Images* wohl die Frage nach dem Original, nicht aber die Problematik des Status von Logos aufzuwerfen vermag. Hier gilt nicht weniger als das Gegenteil dessen, was die in Bezug auf Magritte verneinende Aussage insinuiert: „Je suis un logo, je suis une brand." „Ich bin ein Logo, ich bin eine Marke."

Literatur

Böhme, G. (1995). Das ist doch eine Pfeife. Über Kunst und Werbung bei Magritte. In Kunst Forum Bd. 125 (S. 166–177). https://www.kunstforum.de/artikel/das-ist-doch-eine-pfeife/. Zugegriffen: 20. Dez. 2023.

Boy London. (2023a). https://www.boy-london.com. Zugegriffen: 20. Dez. 2023.

Boy London. (2023b). Press. https://www.boy-london.com/pages/press. Zugegriffen: 20. Dez. 2023.

Boy London. (2023c). Mens clothes. https://www.boy-london.com/collections/men. Zugegriffen: 20. Dez. 2023.

Boy London CN. (2023). https://cn.boylondoninternational.com. Zugegriffen: 20. Dez. 2023.

Boy London International. (2023). https://en.boylondoninternational.com/index.html. Zugegriffen: 20. Dez. 2023.

Brentano, F. (1982). *Psychologie vom empirischen Standpunkt.* Felix Meiner Verlag. (Originalwerk veröffentlicht 1874).

Cassirer, E. (1967). *An Essay on Man: An Introduction to a Philosophy of Human Culture.* New Haven, CT: Yale University Press. (Originalwerk veröffentlicht 1944).

Domizlaff, H. (2005). *Die Gewinnung des öffentlichen Vertrauens.* Marketing Journal. Gesellschaft für angewandtes Marketing mbH (Originalwerk veröffentlicht 1939).

EUIPO. (23. April 2021). Case R 0459/2020-5. https://euipo.europa.eu/eSearchCLW/#key/trademark/APL_20210423_R0459_2020-5_011708773. Zugegriffen: 20. Jan. 2024.

Kierkegaard, S. (2019). *Über den Begriff der Ironie: Mit ständiger Rücksicht auf Sokrates.* Reprint der Edition von 1929. Oldenbourg: De Gruyter. (Originalwerk veröffentlicht 1841).

Koop, A. (2012). *NSCI- Das visuelle Erscheinungsbild der Nationalsozialisten 1920–1945.* Verlag Hermann Schmidt.

Künne, W. (2007), *Abstrakte Gegenstände. Semantik und Ontologie.*(2., um einen Anhang erweiterte Aufl.) Vittorio Klostermann (Originalwerk veröffentlicht 1983).

Neumeier, M. (2006). *The brand gap: How to bridge the distance between business strategy and design.* New Riders.

Pink Floyd (1973). *The Dark Side of the Moon* [Album]. Capitol.

Rapp, J. (28 April 2019). How UK streetwear brand boy London beat China's copycats and is finally booming in the country. *South China Morning Post.* https://www.scmp.com/lifestyle/fashion-beauty/article/3007775/how-uk-streetwear-brand-boy-london-beat-chinas-copycats. Zugegriffen: 20. Dez. 2023.

Saussure, F. de (1916). *Cours de linguistique générale* [Grundfragen der allgemeinen Sprachwissenschaft]. Payot.

Thaidigsmann, M. (11. Mai 2021). Sittenwidrig: »NSDAP-Adler« keine EU-Marke. https://www.juedische-allgemeine.de/politik/sittenwidrig-nsdap-adler-keine-eingetragene-eu-marke/. Zugegriffen: 20. Dez. 2023.

10

Bored Apes & Co: NFTs und Kunst als Marke

Zusammenfassung Die Migration der Kunst in die digitale Sphäre ist mit dem Erfolg von NFTs in den letzten Jahren im Bewusstsein der Allgemeinheit angelangt. Der Status dieser digitalen Originale in Abgrenzung zu Kunstwerken in klassischen Medien ist jedoch noch ungeklärt. Mit Blick auf die kommerziell erfolgreichen NFT-Projekte ließe sich sagen, dass NFT-Kunst den Grenzbereich der Kunst auslotet, indem sie sich wesentlich durch ihren monetären Wert auszeichnet und dabei in besonderem Maße auf Markenbildung angewiesen ist.

In letzten Roman der bemerkenswerten Trilogie *Die drei Sonnen* (englisch: The Three Body Problem) des chinesischen Science-Fiction-Autors *Liu Cixin* (2019) sucht der seines Lebens überdrüssige, schüchtern-nerdige Astrophysiker *Tianming* ein besonders ausgefallenes Geschenk für eine ihm romantisch unerreichbare frühere Kommilitonin. Er wird schließlich bei dem fiktiven UNESCO-Projekt *Stars Our Destination* fündig, mit dem sich die internationale Behörde in die Nähe windiger Geschäftemacherei begibt. Es handelt sich um einen Fundraiser, über den sie *zertifiziertes Eigentum* an fernen Sternen verkauft. Ganz bewegt von seinen romantischen Gefühlen investiert Tianming sein gesamtes, gar nicht so kleines Vermögen in einen ihm gerade so erschwinglichen Stern, der trotz der unerreichbaren Entfernung von 285,5 Lichtjahren bei günstigen Bedingungen von der Erde aus zu sehen ist. Für einen näher der Erde liegenden Himmelskörper, der möglicherweise im Zentrum eines Planetensystems liegt, reicht das Geld leider nicht aus.

Hätte Liu Cixin seinen Roman ein Jahrzehnt später geschrieben, dann wäre die Transaktion möglicherweise über das Internetportal *opensea.com* abgewickelt worden, auf dem der traurige Held sein gesamtes Vermögen genauso problemlos in ein *Zertifikat* für ein aus seiner Perspektive vollkommen virtuelles Objekt hätte investieren können. Der Vorteil für den Romancier bestünde bei dieser Variante darin, sich dieses Detail seiner Erzählung nicht erst ausdenken zu müssen. Opensea.com verkauft digitale NFT-Kunstwerke, die genauso wenig ein Wohnzimmer schmücken wie ein ferner Stern und an denen sich jedermann mit einem Browser genauso einfach erfreuen kann, wie es jedem offensteht, in den Nachthimmel zu schauen. Außerdem wäre es dem Autor leichtgefallen, den in seiner Erzählung wichtigen, unverhofften Kursgewinn des Geschenks in ein realistisches Szenario einzubetten. Freilich müsste er seinen Zeithorizont anders gestalten. Während der Erwerb des fremden Sterns im Roman erst nach Jahrhunderten zu großem Reichtum führt, macht der NFT-Markt bereits im Jahr 2021 einen Sprung um 21.350 % und beschert Investoren exorbitante Gewinne im Wert von mehr als 5 Mrd. US$ (Nonfungible & L'Atelier, 2021, S. 34).

Tatsächlich lässt einen der große Erfolg von digitalen Zertifikaten für Kunstwerke, die sich weder materialisieren noch dem Kanon bisheriger hochpreisiger bildender Kunst entsprechen, ein stückweit ratlos zurück. Zugleich geht von diesen digitalen Werken eine Faszination aus, weil man eine Neuerung in der bildenden Kunst zu beobachten scheint, wie wir ihn seit einem guten Jahrhundert nicht mehr erlebt haben. NFTs sind in diesem Verständnis eine epochale Erneuerung in der Kunst, die den im 20. Jahrhundert stattfindenden Wandel in dem Sinne fortschreibt, dass nicht mehr nur ganz banale materielle, sondern auch genauso ordinäre immaterielle Objekte „Kunst" sein können.

Diese Entwicklung beginnt damit, dass *Marcel Duchamp* im April 1917 unter dem Pseudonym *Richard Mutt* das Kunstwerk *Fountain* für eine Ausstellung der *Society of Independent Artist* in New York einreicht, bei dem es sich um ein in einem Geschäft erworbenes, datiertes und signiertes Pissoir handelt. In der unmittelbar darauffolgenden, vom Künstler selbst mitinitiierten Diskussion darüber, ob ein beliebiger und prinzipiell austauschbarer Gegenstand ein Kunstwerk sein kann, vertreten die Verteidiger Duchamps die Auffassung, dass es einzig der Entscheidung des Künstlers obliege, aus welchem Material er ein Werk erschafft und damit zu einem Kunstwerk erklärt (vgl. Roche et al., 1917, S. 4 ff.). Jahrzehnte später beschreibt der Philosoph *Arthur Danto* die epochale Neuerung, die von Duchamps Arbeiten ausgeht:

„And in my own investigations into the philosophy of art, I have benefited immensely from Duchamp's discovery that nothing the eye can reveal will arbitrate the difference between a work of art and a mere real thing which resembles it in every outward particular. So any proposed distinction based upon perceptual differences, even in the visual arts, will have proved, as with the linnaean system in botany, to be artificial, however useful in practice." (Danto, 1986, S. 135).

Danto legt hier mit der Betonung auf die Entdeckung bestimmter Zusammenhänge durch den Künstler nahe, dass Duchamp mit seinen Readymades genauso auf einen latent immer schon in der Wirklichkeit bestehenden Zusammenhang gestoßen ist, wie beispielsweise mit dem ersten Rad eine über die unmittelbare Erfindung hinausgehende Entdeckung gemacht wurde. Er impliziert damit auch, dass wirkliche Fortschritte und epochale Entdeckungen nicht nur in technischen Bereichen, sondern auch in der Entwicklung der Kultur stattfinden können.

Diese Auffassung vertritt bereits *G.W.F. Hegel,* nach dessen Ansicht diese Entwicklung unter anderem mit einem schon erreichten *Ende der Kunst* einhergeht. Hegels Voraussetzung ist dabei, dass die Kultur an das Ende der Entwicklung bestimmter sozialer Strukturen angelangt, wenn diese so ausgereift sind, dass sie sich als ideale Instrumente zur Lösung der ihnen eigenen intrakulturellen Problemen eignen (vgl. Jaeschke, 2010, S. 416 ff.). Das *Ende* von etwas bedeutet damit ganz und gar nicht, dass es verschwände, sondern vielmehr, dass es in sich völlig ausgereift und damit auf Dauer angelegt ist. Das von Hegel antizipierte, zuletzt prominent mit der Geschichtsanalyse von *Francis Fukuyama* prophezeite *Ende der Geschichte* im Sinne einer Entfaltung des menschlichen Geistes wäre demnach erreicht, wenn die großen Fragen der geschichtlich-kulturellen Entwicklung auf Dauer in der Praxis geklärt sind – „(…) there would be no further progress in the development of underlying principles and institutions, because all of the really big questions had been settled." (Fukuyama, 1992).

Lange vor diesem wohl noch lange ausstehenden Zustand erlebt die Institution der Kunst nach Hegels Annahme ihren ausgereiften Höhepunkt in der Darstellung religiöser Inhalte in der durch Religion und Mythos geprägten Kultur der griechischen Antike. Indem sich die künstlerische Darstellung allerdings nicht über den Bereich der Vorstellungen hinausbewegen kann, hat sie damit auch den Endpunkt ihrer Entwicklung erreicht. Es überschreitet die Möglichkeiten künstlerischer Darstellungen hiernach, über das gerade noch bildlich Darstellbare hinauszugehen und auf der Höhe der fortschreitenden geistigen Entwicklung stehend die begrifflichen Inhalte des wissenschaftlich aufgeklärten Bewusstseins angemessen darzustellen. Gleichzeitig lässt sich das begrifflich gebildete Bewusstsein auch nicht mehr in derselben Weise von den emotionalen gefärbten Vorstellungen der bildenden Kunst beeindrucken. Hegel illustriert diesen Eindruck mit dem oft zitierten Bild, dass wir zwar von den griechischen Götterbildern und christlich-religiösen Motiven tief beeindruckt sein können, sich unser Knie auf Grund unseres aufgeklärten Bewusstseins aber nicht mehr vor ihnen beugt:

> „Mögen wir die griechischen Götterbilder noch so vortrefflich finden, und Gott Vater, Christus, Maria noch so würdig und vollendet dargestellt sehen, es hilft nichts, unser Knie beugen wir doch nicht mehr." (Hegel Werke, Bd. 13, S. 142).

Als Medientheoretiker *avant la lettre* ist es damit auch Hegels Entdeckung, dass sich die fortschreitende Entwicklung von Wissen auf das Medium der optimalen Darstellung von Erkenntnis auswirkt. Indem die Kunst in ihrer Entwicklung nicht stehen geblieben ist, begleitet der damit verbundene Topos vom Ende der Kunst ihre Fortentwicklung in fast zwei Jahrhunderten seit Hegel in der Weise, dass der Grund hierfür mit der jeweiligen Entwicklung der Rationalisierung der Welt abgeglichen wird. So vertritt *Walter Benjamin* mit seinen Überlegungen zur Reproduzierbarkeit von Kunstwerken in den 1930er Jahren eine These vom Ende der bildenden Kunst im Übergang von der Malerei zum Massenmedium Film. Er schreibt es damit dem Film zu, potenziell diejenige aufklärerische Arbeit leisten zu können, die dem klassischen Kunstwerk aufgrund seines bestimmten Seins als eines an Originalität und Aura gebundenen und aus rituellen Kontexten erwachsenen Mediums nicht möglich ist. Nach Benjamin erscheint der Maler noch wie ein archaischer Magier im Vergleich zum Kameramann, der mit seinem neuen Gerät ganz wissenschaftlich und einem Chirurgen ähnlich „tief ins Gewebe der Gegebenheit" (Benjamin, 1935/2003, S. 32) einzudringen vermag.

In den 1990er Jahren ist es dann Arthur Danto, der anhand der modernen Kunst verdeutlicht, dass diese gewissermaßen aufgehört hat, Kunst sein zu wollen. Sie markiert nach seiner Analyse einen Übergang zu einer Übernahme der Kunst durch die Philosophie, weil sie den Rezipienten wesentlich mit philosophischen Fragestellungen konfrontiert. Die mit der mit Duchamp anhebenden *Konzeptkunst* selbst gemachte Entdeckung über das Ende der Kunst ist demnach, dass Kunst nicht mehr Kunst, sondern Philosophie ist: „(…) it little matters whether art is philosophy in action or philosophy is art in thought." (Danto, 1986, S. 113).

Auch an diesen Weiterentwicklungen der Analyse Hegels wird deutlich, dass das Ende der Kunst nicht mit ihrem Verschwinden gleichzusetzen ist. Trotz des technischen Fortschritts und der Entdeckungen der Avantgarde verhält es sich auch nicht so, dass die Wirkung von Kunst völlig von den Emotionen in den Intellekt abgewandert ist. Sicherlich fallen wir nicht vor bestimmten, uns emotional ergreifenden modernen Malereien, etwa einem Triptychon von *Francis Bacon,* in stiller Andacht auf die Knie. Kunst findet aber durchaus innerhalb eines weiten Spielfelds statt, das zugleich hyperrationale und emotional affektive Elemente beinhaltet, die, wie *Arnold Gehlen* betont, *Entlastung* gegenüber den konformistischen Anforderungen der durchrationalisierten modernen Welt liefern (vgl. Gehlen, 1960/1986, S. 222). Wir dürfen daher annehmen, dass sich die Kunst auch nach dem Übergang zu säkularen und von Massenmedien geprägten Gesellschaften sowohl innerhalb ihres Bezirks weiterentwickeln und perfektionieren wird als auch, dass sie die Grenzen ihrer Möglichkeiten immer genauer auslotet.

Das mediale Hintergrundrauschen, vor dem diese Entwicklung in der Kunst heute stattfindet, unterscheidet sich mit der Entwicklung digitaler Medien allerdings sehr von allen vorherigen Kunstepochen. Auch wenn der Begriff des *Metaverse* seit einiger Zeit ausschließlich für zukünftig ubiquitäre, auf dem Internet basierende dreidimensionale Räumlichkeit nachahmenden Schnittstellen verwendet wird, erscheint diese Bezeichnung passend für die jetzt bereits bestehende Metasphäre aus Informationen, die sich mit dem Internet über die Welt gelegt hat. Bücher, Zeitungen, Magazine, Kinofilme und Fernsehen gibt es zwar immer noch, im Massenmedium Internet erreicht die von Walter Benjamin beschriebene Auflösung der Aura jedoch ein ganz anderes Niveau. Sicherlich lassen sich emotional ergreifende und zusehends immersive Erfahrungen in diesen digitalen Welten machen. Inhalte propagieren sich jedoch so schnell und unkontrolliert auf jedermanns digitalem Endgerät, dass kein Raum für auratisch aufgeladene, originale Werk zu bleiben scheint.

Auch bei NFTs geht es zunächst nicht um den Wiedergewinn einer emotional aufgeladenen Aura. Vielmehr gibt diese Technik eine rationale Antwort auf die Frage nach der Feststellung von Originalität im Sinne von Identität im digitalen Raum. Aus der Perspektive des Informatikers zeigt es sich als ein dadurch zu lösendes Problem, Originalität selbst als eine Information zu behandeln, die sich im digitalen Medium vermitteln lässt. Wie beim Verweis auf einen bestimmten Punkt auf einer Sternenkarte geht es darum, von einem an einem bestimmten Ort in Netz gespeicherten Bild festzustellen, dass es sich um das Original handelt. Die dieses Problem lösende Technik ist die Blockchain, bei der es sich um ein digitales Zertifikat handelt, das Informationen über einen davon zu unterscheidenden digitalen Gegenstand hat.

Konkret handelt es sich bei diesem Zertifikat um eine Kette von verschlüsselten Informationseinheiten, sogenannten *Blocks,* die in vielfacher Kopie in einem dezentralen *Peer-to-Peer-Netzwerk* gespeichert werden. Der Kette werden bei jeder Aktion, die sich auf dem mit ihr verbundenen digitalen Vermögenswert bezieht, kryptografisch verschlüsselte Informationen über diese Aktion hinzugefügt. Durch ein System der in regelmäßigem Abstand stattfindenden Beglaubigung von Blocks zu bestimmten Informationen auf der Kette durch das dezentrale Netzwerk ist diese vor dem Einfügen illegitimer Informationsblöcke geschützt. Es ist schließlich auch eine Sache der Informationsverarbeitung in der Blockchain, ob es sich bei den auf ihr gespeicherten digitalen Gegenständen um austauschbare und prinzipiell teilbare, *fungible token* handelt oder um solche, die immer als Ganzes bestehen bleiben und damit *non fungible token* (NFTs) sind.

Somit kann ein und dieselbe Blockchain sowohl Informationen über die in kleinere Einheiten zerlegbare Token einer Crypto-Währung als auch über unteilbare, also im Wortsinn individuelle Token enthalten. In ihrem Zwischenspiel miteinander haben wir es dann etwa mit der auf dem Onlineportal *Opensea* in der fungible Crypto-Währung *Ethereum* gehandelten digitale Kunst in Verbindung mit non-fungible Token, NFTs, zu tun. Wichtig ist, dass die Blockchain nicht vor der Kopie des mit ihr verbundenen digitalen Bildes schützt. Das NFT garantiert nicht die numerische Einzigartigkeit eines digitalen Objektes, sondern zertifiziert nur, dass das mit ihr an einem bestimmten Ort im Internet verlinkte Bild das Original ist. Dessen ungeachtet kann die mit einem NFT verbundene digitale Grafik, wie jedes andere Bild im Internet auch, ohne Aufwand kopiert und in derselben Qualität wie das Original unendlich vervielfältigt werden.

Obwohl dasselbe Bild in derselben Qualität also problemlos und ohne jeden finanziellen Aufwand auf jedes digitale Endgerät gespeichert werden kann, haben die in der Hauptsache auf Opensea getätigten Investitionen in bildende Kunst in der Form von NFTs im Jahr 2021 ein Handelsvolumen von ca. 17 Mrd. US$ erreicht (Nonfungible & L'Atelier, 2021, S. 34). Anfang 2022 setzte jedoch ein rapider Absturz ein, der während der 2. Jahreshälfte noch anhält. Die Gründe für dieses Auf und Ab in der NFT-Wirtschaft sind vielfältig. Auch ist nicht auszuschließen, dass die Begeisterung im Jahr 2021 mit dem Höhepunkt dieser Form digitaler Kunst und damit mit dem Ende der Entwicklungsgeschichte von NFTs selbst einhergeht. In dem Falle hätte der mit hohen finanziellen Investments verbundene Prozess aus Versuch und Irrtum schon die Funktion von NFTs in einem umfassenden Sinne freigelegt.

Um der Bedeutung dessen näher zu kommen, ist es aufschlussreich, eine allgemeine Vorstellung von digitalen Originalen mit denjenigen digitalen

Kunstwerken abzugleichen, die Höchstpreise erzielt haben. Wenden wir uns zunächst der allgemeinen Vorstellung zu, dann lässt sich diese so paraphrasieren, dass NFTs auf die Frage nach der Bestätigung der Originalität von bereits existierenden Kunstwerken im digitalen Raum antworten. In einem der vielen einschlägigen *Youtube-Videos* ist etwa von der aufstrebenden Künstlerin namens *Susan* die Rede, die einen Schutz für ihre Onlineausstellung von digitaler Malerei sucht. Nachdem Susan von ihrem Freund Mark die benötigten Informationen erhält, entscheidet sie sich dafür, NFTs für ihre Kunstwerke erstellen zu lassen. Dass sie ihren Kunden mittels dieser Technik eindeutig als Originale zertifizierte Kunstwerke verkaufen kann, trägt zu einem nennenswerten Erfolg ihrer Ausstellung bei. Wichtig ist zu sehen, dass hier von zwei Welten die Rede ist, die erst einmal nichts miteinander zu tun haben. Weder die Beschaffenheit noch die Existenz der Kunstwerke hat etwas mit der NFT-Technologie selbst zu tun. Vielmehr besteht die Annahme, dass diese Werke unabhängig von der NFT-Technik geschaffen, ästhetisch für sich selbst sprechen und die Verbindung mit einem Zertifikat auf einer Blockchain als technische Antwort auf die Frage nach der Originalität bei der Abwicklung von Kunstverkäufen ist (vgl. Simplilearn, 2021).

Zweifelsohne entspricht diese Vorgehensweise der Verwendung von NFT-Technologie in unzählbaren Fällen. Demgegenüber lässt sich aber auch behaupten, dass die für viel Geld gehandelten NFTs in umgekehrter Richtung als Antwort auf die neuen technischen Möglichkeiten erschaffen worden sind. Die Bedeutung der Kunstwerke dieser digitalen Avantgarde ist damit in einem hohen Maße abhängig von dieser Technik und dem geschickten Umgang mit dem neuen Medium, und in einem weitaus geringeren Maße von der intrinsischen ästhetischen Qualität des Dargestellten. Einen nicht repräsentativen, aber dennoch bezeichnenden Eindruck darüber liefern die fünf NFT-Anbieter mit dem größten Verkaufsvolumen für digitale Artefakte über sieben Tage im Juli 2022. Es handelt es sich dabei um *CryptoPunks* und *Meebits* von *Larva Labs*, die Kunstplattform *Art Blocks*, das außerhalb der Szene wohl bekannteste NFT-Projekt *Bored Ape Yachtclub* sowie das Proto-Adventure-Projekt namens *Loot* (vgl. NonFungible.com, 2022).

Der in der kurzen Geschichte der NFTs älteste Anbieter in dieser Reihung sind die *CryptoPunks*, die von den Gründern der Software-Firma *Larva Labs* entwickelt und im Juni 2017 in einer begrenzten Auflage von 10.000 als NFT veröffentlicht wurden (vgl. Klein, 2019). Auf jeweils 24*24 Pixel bilden sie die Köpfe von Außenseitern und Exzentrikern Stil von 8-Bit-Grafiken der 1990er Jahre ab, die sich hinsichtlich der Kombination von bestimmten Eigenschaften voneinander unterscheiden. Festzustellen ist auch, dass CryptoPunks in doppelter Weise auf technische Neuentdeckungen verweisen. Sie nutzen nicht nur NFTs, sondern auch die noch in einer frühen Phase steckenden Möglichkeiten generativer KI, die heute jedermann problemlos über Plattformen wie *Midjourney, DALL-E* oder *Stable Diffusion* zugänglich ist. Im Jahre 2017 handelt es sich dabei aber noch um eine Technik in den Kinderschuhen, womit die Authentizität des Projekts *CryptoPunks* auch auf die Nichtwiederholbarkeit diese frühe Experimentierphase zurückführbar ist. Auch beziehen sie sich in der Entstehung auf die anarchistische Bewegung der *Cypherpunks* (vgl. Hughes, 1993). Diese Bezugnahme unterstreicht, dass es sich nicht zuvorderst um *Kunst,* sondern um eine die Möglichkeiten von künstlicher Intelligenz und Eigentumsrechten im Internet auslotendes Projekt handelte. Dieses Fehlen an explizitem *Kunstwollen* spricht keineswegs gegen den später florierenden Handel mit CryptoPunks als digitaler Kunst. Vielmehr kann die Entstehungsgeschichte an den variantenreichen Mythos des Künstlers als unvermutetes Genie anknüpfen, wie dieses etwa in den Untersuchungen von *Ernst Kris* und *Otto Kurz* zur *Legende vom Künstler* (1934/1995) beschrieben wird. Wo wir uns den jungen *Giotto* als zeichnenden Hirten vorstellen sollen, dessen Talent sich unvermutet zeigt (ebd., S. 29 ff.), entspricht die zeitgemäße Okkupation des Softwareingenieurs der Vorstellung eines Menschen mit Begabung und ungetrübtem Zugriff auf das Material, der eher zufällig zum Künstler wird.

Es wird nicht nur anhand der herausragenden Stellung von CryptoPunks in den Rankings der teuersten NFTs überdeutlich, dass Larva Labs mit diesen „original NFTs" der ersten Generation, wie es das Auktionshaus Christies (2021) beschreibt, der Aufbau einer starken Marke für NFT gelungen ist. Diese Stärke von CryptoPunks zeigt sich auch anhand des mit ihnen beworbenen, im Mai 2021veröffentlichten NFT-Projekts *Meebits* von Larva Labs. Dieses Projekt besteht aus 20.000 ihrerseits nach bestimmten Parametern automatisiert erstellten 3D-Avataren, deren Bauklotzästhetik an Figuren aus der digitalen Welt von Minecraft erinnert (vgl. Matney, 2022). Die Besonderheit von Meebits besteht neben der grafisch detaillierten Ausführung, die auch Animationselemente enthält, in einem eigenen gebührenfreien Marktplatz, der neben Transaktionen in Crypto-Währung auch den Tausch von Meebits untereinander ermöglicht. Trotz dieser zusätzlichen Möglichkeiten und den grafisch weitaus aufwendigeren Bildern erscheinen Meebits weitaus weniger originell und ihr relativer Erfolg im Vergleich zu ähnlichen Projekten wesentlich auf der Stärke der Dachmarke Larva Labs und ihren CryptoPunks zu basieren.

Die im November 2020 eröffnete Plattform *Art Blocks* ist besonders auf die Bedingungen der Blockchain abgestimmt und bietet Werkserien von unterschiedlichen Künstlern an. Dabei teilt das am 12. Juli 2022 für ca. 500.000

US$ verkaufte Werk „Fidenza #631" (NonFungible.com, 2022) des Künstlers *Tyler Hobbs* neben dem seriellen Charakter noch zwei weitere Eigenschaften mit allen weiteren Kunstwerken auf dieser Plattform. Es ist in seiner Genese einzig in dem Maße auf den Künstler zurückzuführen, dass dieser nur die Randbedingungen für die später nach bestimmten Algorithmen stattfindende Erstellung der Kunstwerke in der Computersprache *Processing* festlegt. Der Käufer des Werkes kann dann bestimmte weitere Parameter auswählen, und das Werk wird nach dem getätigten ersten Kauf nach dem Zufallsprinzip errechnet. Es ist damit auch Glückssache, ob ein in den Augen von Käufer und Community besonders gelungenes Werk entsteht, was hinsichtlich eines hohen Wiederverkaufswerts im Vergleich zu den anderen Artefakten in der Serie eine entscheidende Rolle spielt (vgl. Waters, 2022). Die Abstimmung auf das digitale Medium endet aber nicht hier, sondern bezieht sich auch auf das Medium der Werke. Im Gegensatz zu den meisten NFT-Kunstwerken, die auf einem Link zwischen digitalem Objekt und der davon zu unterscheidenden Blockchain basieren, handelt es sich hier um Blocks von Informationen, die im Moment ihres Entstehens direkt als Code auf der Blockchain gespeichert werden (vgl. Art Blocks, 2023). Das Zertifikat auf der Blockchain verweist damit nicht nur auf den bestimmten Ort, an dem das Original im Internet gespeichert ist; sie enthält auch die Informationen zur Erstellung des digitalen Werks selbst. Durch die Limitierung der Speichermöglichkeiten auf der Blockchain ist die Ästhetik dieser Werke genauso auf die Möglichkeiten der Technik zugeschnitten, wie sie sich innerhalb der begrenzten Möglichkeiten der hierfür verwendeten Programmiersprache *Processing* bewegt. Aus dem Zusammenwirken dieser Limitationen ergibt sich eine minimalistische Ästhetik, die einen intellektuellen Anspruch und künstlerische Hochwertigkeit vermitteln, wie wir es von der Minimal Art seit den 1960er Jahren her kennen.

Der *Bored Ape Yacht Club* hat bei seiner Veröffentlichung von *Yuga Labs* am 30. April 2021 die wohl größten medialen Wellen auch außerhalb der NFT-Community geschlagen. Die von den Gründern von Yuga Labs lancierte Entstehungsgeschichte bringt das Projekt mit imaginierten Krypto-Billionären im Affengestalt in Verbindung, die im Jahre 2031 reich und gelangweilt in einer „apokalyptischen Tiki-Bar", dem *Bored Ape Yacht Club,* herumhängen (vgl. Chayka, 2021). Bei den Kunstwerken handelt es sich um eine Kollektion aus 10.000 Illustrationen von Affen-Portraits, deren individuelles Design aus der durch einen KI-Algorithmus ermittelten unterschiedlichen Kombination bestimmter Attribute von unterschiedlicher Häufigkeit hervorgeht. Deren auf Seltenheit von Kombinationen bestimmter

Attribute basierende astronomische Wertsteigerung der in der Ausgabe unterschiedslos für ca. 200 US$ verkauften Avatare erscheint wie ein Kommentar auf das Sujet des Projekts, welches aus dem Crypto-Szene-Idiom „to ape in" für ein risikoreiches Vollinvestment in Crypto-Währungen hervorgegangen ist.

Nicht nur in diesem, dem anarchistischen Grundton den CryptoPunks sehr ähnlichen Entstehungsnarrativ zeigt sich ein Bewusstsein für die Einbindung der Werke in eine größere Erzählung. Auch ist das Projekt auf das lebendige Weiterspinnen einer offenen Erzählung durch die Käufer der Werke angelegt. So ist der Bored Ape Yachtclub nicht nur eine auf die Vermarktung der NFTs abzielende Webseite, sondern gleichzeitig ein Club der Besitzer von Bored Apes NFTs, die ihnen Zugang für private Bereiche auf der Webseite ermöglichen – beispielsweise für einen Toilettenbereich, in dem sie sich selbst mit einem digitalen Graffiti verewigen können (vgl. Erinfolami, 2022). Bored Apes fungieren aber auch als Eintrittskarten für exklusive Offline-Events, auf denen viele prominente Besitzer seltener Exemplare zu erwarten sind. Schließlich wird die Geschichte des Bored Ape Yacht Club dadurch weitererzählt, dass mit dem Erwerb eines NFTs auch die vollständigen Nutzungsrechte für den jeweiligen Charakter einhergehen. Die mit dem erworbenen Konterfei verbundene Brand Equity des Bored Apes Yacht Clubs kann auf diese Weise auch für eigene kommerzielle Projekte eingesetzt werden (vgl. Ye, 2021).

Dieses Prinzip der durch die Käufer der NFTs selbst ausgestalteten Erzählung wird schließlich mit dem im August 2021 gestarteten Projekt *Loot* radikal gesteigert. Diese NFTs bestehen aus in weißer Typographie auf schwarzem Grund gestalteten Listen von Ausrüstungsgegenständen, die wir seit den Anfängen von Adventure Games kennen. Im Unterschied zu *Dungeons und Dragons* und seinen Nachkommen stellt Loot jedoch keine bestimmte Welt mit spezifischen Abenteuern und Regeln zur Verfügung. Vielmehr bleibt es der Community selbst überlassen, welche Vorstellungen sie sich über visuelle Erscheinungen und Eigenschaften der Welt macht, in der die Gegenstände verwendet werden können. Mehr noch als die subjektive Weitererzählung des Bored Ape Yachtclubs ist das Loot-Projekt damit auf eine sich durch die Ideen der Community aufbauende Fantasiewelt ausgelegt. Hiermit verstehen sich die Macher des Loot Projekts als Alternative zum Topdown-Modell der klassischen Kulturindustrie, die wie etwa *Marvel Comics* ihre Universen unter Einsatz großer finanzieller Ressourcen von oben herab in den Managementetagen plant. Im Gegensatz dazu geht es bei diesem Bottom-up-Modell darum, dass die Community durch die eigene Fortentwicklung des Projekts zu einem eigenen dezentral geplanten Universum selbst an der Wertsteigerung des von ihr kreierten intellektuellen Eigentums beteiligt ist (vgl. Russel, 2021). In extremer Form zeigt sich hier, dass sich in der Welt der NFT neben dem Mainstream einer quasi-realistischen Comic-Pop-Art eine abstraktere Formensprache entwickelt hat. Bemerkenswert ist dabei auch, wie sehr die NFTs von Loot nicht nur äußerlich an Arbeiten von Konzeptkünstlern wie etwa den mit konkreter Poesie arbeitenden Künstler *Lawrence Weiner* erinnern, die lange vor diesem Projekt der künstlerischen Strategie folgen, das eigentliche Werk so weit wie möglich in die Welt der Assoziationen des Betrachters zu verschieben.

Auch wenn man mit der Beschreibung dieser fünf Projekte nur an der Spitze des Eisbergs kratzt, lassen sich hieraus doch Erkenntnisse über digitale Kunstwerke als NFTs ableiten, die die Grundlage für Prognosen über ihre Zukunft bilden. Zunächst ist zu bemerken, dass die NFT-Kunst dort anfängt, wo Duchamp aufhört. Dessen Entdeckung, dass auch austauschbare Gegenstände Kunst sein können, ist im digitalen Medium die Regel. So wie Duchamp ein austauschbares Pissoir signiert und als Original in die Welt der Kunstausstellungen einführt, identifizieren NFTs immer ein mit der Blockchain verlinktes Exemplar von potenziell unendlich vielen Exemplaren als das Original. Angesichts dessen wird der Vorteil des Seriellen gegenüber Einzelwerken als NFTs deutlich. Da das digitale Medium keinen Raum für qualitative Unterschiede in der handwerklichen Ausführung bei Zeichen oder Malen lässt, an denen sich die Individualität bestimmter Werke festmachen ließe, tritt an dessen Stelle der Zufall des Algorithmus einer künstlichen Intelligenz und damit verbunden die *relative Seltenheit* bestimmter automatisch festgelegter Kombinationen innerhalb der Serie.

Dieses schon für die CryptoPunks wichtige Seltenheitskriterium ist dafür verantwortlich, dass die besondere graphische Gestaltung nicht unwichtig, als Qualitätsmerkmal jedoch nur so weit von Interesse sein muss, wie sie für die Differenzierung innerhalb der Serie dienlich erscheint. Selbst wenn die Tendenz besteht, besonders seltenen Werken eine hohe gestalterische Qualität zuzuschreiben, hängt der Wert von NFTs somit wesentlich von mathematischen Parametern ab. Je unwahrscheinlicher bestimmte Kombinationen sind, desto höher ist der für das jeweilige NFT erzielbare Wiederverkaufspreis (vgl. Perez, 2022). Aus der Beliebtheit des NFT-Projekts und der Seltenheit eines einzelnen Objekts in der Serie ergibt sich dann in fast mathematischer Folge dessen monetärer Wert. Es ist demnach nur folgerichtig, dass der zu den teuersten jemals gehandelten NFTs gehörende CryptoPunk #5822 eine Rarität innerhalb der Serie darstellt. Nicht nur handelt es sich hier um einen der nur 9 Aliens in der Serie, sondern auch um eine der nur 481 Portraits, die mit einem Bandana als Kopfbedeckung dargestellt sind (vgl. Diamond, 2022).

Dieses festzustellen führt zum entscheidenden Argument für eine These von dem durch NFTs antizipierte *Ende der Kunst.* Wo die Konzeptkunst des 20. Jahrhunderts das Ende der klassischen Kunst dadurch markiert, dass ästhetisch beliebige Gegenstände auf philosophische Fragen verweisen, gelangen NFTs an diese Grenze, indem ästhetisch beliebige, immaterielle Artefakte Antworten auf die Frage nach der Wertsteigerung von Kunst geben. Die hier über die Kunstproduktion selbst gemachte Entdeckung über das Ende der Kunst wäre demnach, dass bildende Kunst nicht mehr Kunst, sondern wesentlich ein kommerzielles Produkt ist. In einer Variation des Diktums von Danto könnte man das in etwas so formulieren: „*It little matters whether your money materializes in an artwork, or the art stays as immaterial as an entry in your checking account.*"

Wie im Falle der klassischen Avantgarde ist der die Kunstwerke begleitende Kommentar für die Akzeptanz dieses Umschwungs entscheidend. So konnten Duchamps gewöhnliche Gegenstände nur dadurch zu wichtigen Kunstwerken werden, dass er sie – bewusst und offensiv – zeitgleich in den Kunstdiskurs eingebracht hat (vgl. Roche et al., 1917, S. 4 ff.). Die zumeist außerhalb der offiziellen Kunstdiskurses entstandenen NFTs sind demgegenüber auf Erzählungen und Mythenbildung angewiesen, wie wir diese vom Aufbau von kommerziellen Marken her kennen. Es geht sicherlich zu weit, in diesem Zusammenhang auch vom Ende des Künstlerindividuums zu sprechen. Es ist allerdings auffällig, dass das NFT-Narrativ weniger von Künstlern und Designern als vom Kollektiv der Herausgeber und von den Namen der Serien handelt. So wird beispielsweise die unter dem Pseudonym *Seneca* arbeitende Künstlerin, die das Template für die Bored Apes entwickelt hat, nur peripher mit dem Erfolg der Serie in Verbindung gebracht (vgl. Khanna, 2021). Dessen eingedenk lässt sich die mit der Entwicklung der NFTs gemachte Entdeckung so beschreiben, dass das digitale Kunstwerk nicht als einzelnes Original, sondern als serielles Produkt einer von einem kreativen Team kuratierten Marke bedeutungsvoll ist. Dabei haben wir es noch in weiten Teilen mit den Artefakten aus einer Gründerphase zu tun, in der sich der Mythos noch selbst schreibt. CryptoPunks sind so gesehen die *Levi's Jeans* unter den NFTs, deren Erfolg wesentlich vom Image und den dazugehörigen Erzählungen abhängt, das erste Produkt seiner Art zu sein. Die starke Marke ergibt sich hier aus der Sache selbst. Demgegenüber zeigt sich nicht nur an den deutlich weniger erfolgreichen Meebits, sondern vor allem an den vielen anderen gänzlich unbekannten Projekten mit ähnlichen Strategien, dass sich dieser Erfolg nicht einfach wiederholen lässt. Die Notwendigkeit, NFTs der späteren Generation in eine eigene wohl überlegte und strategisch eingesetzte Erzählung einzubetten, wird mit dem *Bored Ape Yachtclub* deutlich, der kein Projekt der ersten Stunde ist, aber eines der ersten, die sich dem Medium mit einer ausgeklügelten Branding- und Marketingstrategie nähern.

All dieses muss nicht gegen die ästhetische Qualität der Arbeiten oder gegen deren Sein als bedeutungsvolle Kunstwerke überhaupt sprechen. Insbesondere Projekte von Art Blocks und Loot weisen in diese Richtung. Auch lässt sich die Annahme, dass NFTs zu einer tatsächlichen auratischen Aufladung des sich in der eigenen digitalen Geldbörse befindlichen JPG-Bildes führen, genauso wenig mit dem Hinweis auf materielle Substanzlosigkeit, Austauschbarkeit oder das kommerzielle Interesse widerlegen, wie die emotionale Bedeutung des eigenen Sterns für den eingangs erwähnten Romanhelden. Beides liegt in letzter Instanz im Auge und Gefühl des jeweiligen Betrachters.

Es lässt sich schwer vorhersehen, ob der Markt für NFT in Zukunft wieder zu Höhenflügen wie in der Vergangenheit ansetzen wird. Vieles spricht für einen Hype, der sich so nicht wiederholen wird. Gleichwohl wirft NFT-Kunst ein Schlaglicht auf die bisherige Kunst. So wie der *Extremfall* von Duchamps Readymade, die in allen Kunstwerken auch enthaltene Setzungsmacht des Künstlers verdeutlicht, stellt der *Extremfall* der NFT-Kunst den stets enthaltenen Anteil von Markt und Marke an ihnen heraus. So kann man schon die stilistische Wiedererkennbarkeit in verschiedenen Kunstwerken eines Künstlers, sein Signet und die mythische Verklärung von Künstlerbiografien als prototypisch für ein Branding auch jenseits der Kunstwelt nehmen. Die Beschäftigung beispielsweise mit *Da Vinci, van Gogh, Picasso* oder *Warhol*, deren Werke und Stil überall in der Welt wiedererkannt werden, kann zu der Annahme führen, dass auch Kunstwerke einer *Marke* zugeordnet werden können. Ergänzend lässt sich mit Blick auf NFTs feststellen, dass Kunstwerke als Marken konzipiert werden können, die auf ihre Weise dem Bedürfnis nach Originalität, Aura und emotionaler *Entlastung* inmitten einer durchrationalisierten Welt entsprechen.

Literatur

Art Blocks. (2023). How it works. https://www.artblocks.io/info/how-it-works. Zugegriffen: 20. Dez. 2023.

Benjamin, W. (2003). *Das Kunstwerk im Zeitalter seiner technischen Reproduzierbarkeit.* Edition Suhrkamp (Originalwerk veröffentlicht 1935).

Klein, J. (23. Januar 2019). How CryptoPunks' creators charmed the art world and paved the way for Blockchain Art. https://web.archive.org/web/20210409025146/https://breakermag.com/how-cryptopunks-creators-charmed-the-art-world-and-paved-the-way-for-blockchain-art/. Zugegriffen: 10. Jan. 2024.

Chayka, K. (30. Juli 2021). Why bored ape avatars are taking over twitter. *The New Yorker*. https://www.newyorker.com/culture/infinite-scroll/why-bored-ape-avatars-are-taking-over-twitter. Zugegriffen: 9. Aug. 2022.

Christie's. (8. April .2021) 10 things to know about CryptoPunks, the original NFTs. https://www.christies.com/features/10-things-to-know-about-CryptoPunks-11569-1.aspx. Zugegriffen: 10. Jan. 2024.

Danto, A. (1986). *The philosophical disenfranchisement of art*. Columbia University Press.

Diamond, A. (21. Februar 2022). $24 million! Secret behind the highest ever CryptoPunk #5822. https://medium.com/nswap/24-million-secret-behind-the-highest-ever-cryptopunk-5822-f3ee997e48e9. Zugegriffen: 14. Dez. 2023.

Erinfolami, K. (6. April 2022) Bored Ape Yacht Club: What is it & Why are they so expensive? https://www.makeuseof.com/what-is-bored-ape-yacht-club/. Zugegriffen: 10. Jan. 2024.

Fukuyama, F. (1992). *The end of history and the last man*. New York: Free Press.

Gehlen, A. (1986). *Zeit-Bilder. Zur Soziologie und Ästhetik der modernen Malerei* (3. erweiterte Aufl.). Klostermann (Originalwerk veröffentlicht 1960).

Hegel, G. W. F. (1986). *Werke in 20 Bänden, Bd. 13* (1. Aufl.). Suhrkamp: Vorlesungen über die Ästhetik I.

Hughes, E. (1993). A Cypherpunk's manifesto. https://www.activism.net/cypherpunk/manifesto.html. Zugegriffen: 15. Juli 2022.

Jaeschke, W. (2010). *Hegel-Handbuch: Leben – Werk – Schule*. Verlag J. B. Metzler.

Khanna, M. (31. Januar 2021). Meet the woman artist who made the insanely popular „Bored Ape" NFT Logo. https://www.indiatimes.com/technology/news/woman-artist-bored-ape-nft-seneca-560808.html. Zugegriffen: 10. Jan. 2024.

Kris, E., & Kurz, O. (1934/1995). *Die Legende vom Künstler: Ein geschichtlicher Versuch*. Suhrkamp.

Nonfungible & L'Atelier. (Hrsg.). (2021). Yearly NFT market Report 2021. https://nonfungible.com/reports/2021/en/yearly-nft-market-report. Zugegriffen: 13. Mai 2023.

Liu, C. (2019). *Jenseits der Zeit: Roman*. Deutsche Erstausgabe. Wilhelm Heyne.

Matney, L. (4. Mai 2022). CryptoPunks maker Larva Labs launches their new NFT project, Meebits. https://techcrunch.com/2021/05/03/CryptoPunks-maker-larva-labs-launches-their-new-nft-project-meebits/.

NonFungible. (2022). Market Tracker. Highest 7 days sales. https://nonfungible.com. Zugegriffen: 15. Juli 2022.

Perez, M. (4. Februar 2022). Top 10 most expensive CryptoPunks ever sold. https://www.parsehub.com/blog/most-expensive-CryptoPunks/. Zugegriffen: 20. Dez. 2023.

Roche, H.-P., Wood, B., & Duchamp, M. (Hrsg.). (1917). *The Blind Man, No. 2. New York (facsimile)*. http://sdrc.lib.uiowa.edu/dada/blindman/index.htm. Zugegriffen: 13. Mai 2023.

Russel, K. (3. September 2021). The Loot project flips the script on NFTs – TechCrunch. https://techcrunch.com/2021/09/03/loot-games-the-crypto-world/. Zugegriffen: 20. Dez. 2023.

Simplilearn. (2021). NFT explained in 5 minutes. https://www.youtube.com/watch?v=NNQLJcJEzv0. Zugegriffen: 20. Dez. 2023.

Waters, K. (8. Mai 2022). Art blocks and the data of generative art. https://www.rightclicksave.com/article/art-blocks-and-the-data-of-generative-art. Zugegriffen: 20. Dez. 2023.

Ye, J. (5. Dezember 2021). NFT in Hong Kong: Bored Ape Yacht Club owners seek merchandise deals, art exhibitions for cartoon primates. https://www.scmp.com/tech/tech-trends/article/3158391/nft-hong-kong-bored-ape-yacht-club-owners-seek-merchandise-deals. Zugegriffen: 23. Dez. 2023.

Nachwort

The Stay-Puft Marshmallow Man! He was on all the packages we used to buy when I was a kid. We used to roast Stay-Puft marshmallows at Camp Waconda!
   Ray Stantz, gespielt von Dan Aykroyd

Die Szene aus *Ivan Reitmans* Ghostbusters (1984), in der sich das fiktionale Markenmaskottchen *Stay-Puft Marshmallow Man* als der Endgegner im Kampf gegen das Böse herausstellt, weckt nicht nur bei vielen Menschen über Vierzig ein Gefühl nostalgischer Sehnsucht. Sowohl an der Figur *Ray Stantz*, die sich nichts Unschuldigeres als eine Werbefigur aus der eigenen Kindheit vorstellen kann, als auch an denjenigen, die ihre Jugend in den 1980er Jahren mit dem ikonischen Logo der realen Marke *Ghostbusters* verbinden, zeigt sich an dieser Szene beispielhaft, wie tief Markenmythen in unserer Kultur verwurzelt sind. Hiervon ausgehend kann man sich die Plethora an Marken vor Augen führen, deren Mythen mit der eigenen Biografie verwoben sind.

Als Einwand gegen diese den hier vorliegenden Analysen zugrundeliegenden Einsicht in die Relevanz von *Marke und Mythos* kann man vorbringen, dass die Sichtweise verzerrt ist. Wer nur einen Hammer als Werkzeug hat, betrachtet jedes Problem als Nagel; und wer die Welt der Marken einzig durch das Prisma des Mythos betrachtet, wird diesen auch überall finden. Mit Blick darauf ist es wichtig zu betonen, dass entsprechende Scheuklappen bewusst und für analytische Zwecke in dem steten Bewusstsein angelegt worden sind, sie jederzeit wieder ablegen zu können. Auch wenn es mal mehr und mal weniger explizit in den einzelnen Texten mitschwingt, sei es hier noch einmal deutlich gesagt: Die Überlegungen stellen nicht infrage, dass Marken für Produkte stehen, deren im allerweitesten Sinne verstandene lebensweltliche Nutzen entscheidend für ihren Erfolg ist. Wenn diese Konstellation für eine Marke nicht gegeben ist, wird sich niemand auch nur einen Kodak-Moment lang für ihren Mythos erwärmen.

Wer demgegenüber von einer starken Marke spricht und damit einzig die emotionale Bindung durch emotionales Storytelling und prägnante visuelle Kommunikation meint, dem gerät dieser Zusammenhang aus dem Blick. Man sollte daher auch nicht dem Fehlschluss anhängen, dass allein ein medial fabrizierter Mythos ausreicht, um einer Marke (neue) Stärke zu verleihen. Aber auch die gegenteilige Vorstellung, dass Marke ganz ohne Mythos auskommt, kann ihrem Begriff nicht gerecht werden. Man ginge dann davon aus, dass Marken nicht mehr als austauschbare Namen und graphische Elemente auf Produkten sind. Indem sie dann für keine über die Grenzen des Unmittelbaren hinausgehende Erzählung mehr stünden, könnten wir sie gerade noch als Zeichen, nicht aber mehr in ihrer Bedeutung als Symbole verstehen. Für ein volles Verständnis von Marken gilt demgegenüber, dass sie genauso auf den Mythos angewiesen sind, wie sich dieser nicht ohne Anknüpfungspunkte in der Lebenswelt außerhalb der eigenen Erzählung erhalten kann.

Folgen wir diesem Gedanken, dann wird noch einmal deutlich, dass wir Marken nur im Wechselspiel mit einer Lebenswelt verstehen können, in die ihre Mythen genauso hineinwirken, wie diese von ihr abhängen. Marken transzendieren auf diese Weise das Verhältnis von Käufer und Produkt und gewinnen kulturelle Relevanz auch jenseits der eigenen Zielgruppe. Die Analyse von Marken trägt daher zu einem über sie hinausgehenden Verständnis von Kultur bei. Ich hoffe, mit diesem Buch einen Beitrag zur Diskussion darüber geleistet und zu vertiefter Reflexion über die subtilen Weisen angeregt zu haben, in denen auch Marken und deren Persönlichkeiten unsere Kultur formen.

Eine starke Marke, das ist eine solche Persönlichkeit in *einem* Falle.

Ningbo
im Januar 2024

Stefan Waller

MIX
Papier aus verantwortungsvollen Quellen
Paper from responsible sources
FSC® C105338

If you have any concerns about our products,
you can contact us on
ProductSafety@springernature.com

In case Publisher is established outside the EU,
the EU authorized representative is:
**Springer Nature Customer Service Center GmbH
Europaplatz 3, 69115 Heidelberg, Germany**

Printed by Libri Plureos GmbH
in Hamburg, Germany